山东社会科学院出版资助项目

机构养老服务的政府责任研究

张赛林　著

中国社会科学出版社

图书在版编目（CIP）数据

机构养老服务的政府责任研究/张赛林著．—北京：中国社会科学出版社，2023.10

ISBN 978-7-5227-2820-9

Ⅰ.①机…　Ⅱ.①张…　Ⅲ.①养老—社会服务—国家责任—研究—中国　Ⅳ.①D669.6

中国国家版本馆 CIP 数据核字(2023)第 225776 号

出 版 人　赵剑英
责任编辑　李庆红
责任校对　夏慧萍
责任印制　王　超

出　　版　中国社会科学出版社
社　　址　北京鼓楼西大街甲 158 号
邮　　编　100720
网　　址　http://www.csspw.cn
发 行 部　010-84083685
门 市 部　010-84029450
经　　销　新华书店及其他书店

印　　刷　北京君升印刷有限公司
装　　订　廊坊市广阳区广增装订厂
版　　次　2023 年 10 月第 1 版
印　　次　2023 年 10 月第 1 次印刷

开　　本　710×1000　1/16
印　　张　12
字　　数　168 千字
定　　价　66.00 元

目　　录

第一章　导论

第一节　研究缘起、问题及意义

一　研究缘起

随着人口老龄化的快速推进及家庭养老功能的弱化，老年人养老服务需求的满足也从家庭向社会转移。从诸多发达国家和地区的经验来看，机构养老服务作为长期照料服务体系的重要组成部分，发挥着补充家庭养老功能的重要作用。纵观机构养老服务的实践发展，政府主导是关键。强化政府在机构养老发展中的责任，是积极推动机构养老服务改革与发展的关键影响因素。现阶段，人口老龄化与家庭功能弱化、我国机构养老服务社会化改革以及机构养老服务的市场失灵、志愿失灵构成了这一主题的研究缘起。

（一）人口老龄化与家庭养老功能弱化凸显政府责任的重要性

自2000年进入老龄化社会以来，我国的人口老龄化程度日益严峻。第七次人口普查数据显示：2020年我国60岁以上人口有2.64亿人，其中65岁及以上老年人口1.91亿人；全国31个省份中，有16个省份的65岁及以上人口超过了500万人，其中有6个省份的老年人口超过了1000万人。与2010年第六次全国人口普查相比，65岁及以上人口的比重上升4.63个百分点。尽管随着经济社会的发展以及医疗卫生事业的不断进步，我国人口的平均预期寿命不断提升，但失能老年人口规模也在持续增加，老年人的身体健康状况不容乐观。全国第四次中国城乡老年人生活状况抽样调查机构显示，2016 年全国城乡失能、部分失能老人约 4063 万人，占老年人总体的 18.3%。相关研究显示，中国老年人口的残障期呈现不断扩张的发展态势。[①] 未来中国的人口老龄化将进入快速发展时期，据有关部门预测，2035 年 60 岁及以上老年人口将突破 4 亿，在总人口中的占比将超过 30%，进入重度老龄化阶段。[②] 人口老龄化不仅意味着高龄老人、失能老人数量的增多，随之而来还有各种各样的养老问题，其中最为直接的就是老年人的照护问题。如何确保如此庞大的老年群体获得专业照护，提升其安全感和幸福感，是一个亟须解决的社会问题。

与此同时，我国还面临着家庭养老功能不断弱化的挑战。虽然大多数中国家庭仍然延续了传统的居家养老方式，配偶和子女在内的家庭成员是老年人获得照料的主要来源，但计划生育政策的低生育率效应、人口流动的加速以及养老观念的转变使得家庭规模趋于小型化与核心化，城乡空巢老年人群体增大，老年人获得家庭内部成员照顾的难度加大，以家庭为核心的非正式养老方式越来越难以满足老年人的照料需求，使得人们不得不寻求家庭以外的社会照料资源。养老不再是个人以及家庭的私事，而是一项重要的公共事务，老年人养老服务需求的实现越来越依赖于社会，养老方式正由家庭向社会转移。

机构养老服务作为社会养老服务体系和长期照护连续体的构成要素，可以有效满足老年人尤其是高龄老人、失能失智老人的生活照料、医疗护理、精神慰藉等方面的专业服务需求。在养老服务供给的主要责任由家庭向社会让渡的过程中，机构养老服务起着重要的承接作用。人口老龄化及社会变迁所带来的家庭养老压力，使得

---

① 王莉莉：《公办养老机构转制研究》，社会科学文献出版社 2019 年版，第 4 页。

② 国家卫生健康委：《国家卫生健康委员会就党的十八大以来老龄工作进展与成效举行新闻发布会》，中国网，http://www.china.com.cn/zhibo/content_78428721.htm，2022 年 9 月 20 日。

老年人尤其是高龄、失能老人对生活照料和医疗护理需求的持续增长，对社会化养老服务的需求与期望要求政府致力于发展超越家庭之上的机构养老服务，政府作为机构养老服务的主导者，在机构养老服务中责任的重要性不断凸显出来。这是人口老龄化、传统家庭养老模式转变对政府提出的必然要求，也是政府保障和改善社会成员基本民生、满足社会成员养老需求，体现政府合法性的重要途径。

（二）我国机构养老服务社会化改革亟待政府责任的合理定位

为满足老年人日益增长的机构养老服务需求，20 世纪 90 年代开始，我国政府通过实施社会化改革增加机构养老服务的有效供给。在相关社会政策的引导下，我国的机构养老服务进入新的发展阶段，机构养老服务开始从国家垄断性供给向社会多元化供给转型，市场和社会成为机构养老服务的重要供给主体。民办非营利养老机构、民办营利养老机构和公办养老机构一同成为机构养老服务的服务主体，为老年人提供专业化的长期照料服务，机构养老服务的供需失衡难题得到有效缓解。机构养老服务对象范围不断扩大，不再仅限于政府免费供养的城市“三无”老人和农村“五保”老人，有社会化养老服务需求的普通老人也成为养老机构的服务对象。现阶段，机构养老服务逐渐形成了供给主体多元化、供给模式多样化、服务对象多层次、服务内容专业化的发展格局。

机构养老服务的社会化改革并非一帆风顺。由于有限理性的限制，政府也存在一定的失灵，在提供机构养老服务的过程中存在局限性。在缺乏有效动力机制和约束机制的情形下，“公办养老机构定位不清”“政府机构养老服务职能错位”“机构养老服务质量不尽如人意”等成为我国机构养老服务社会化改革中的热点和难点问题。促使人们反思：为什么机构养老服务的社会化改革不能令人满意？究其原因，正是由于长期以来，政府在机构养老服务改革中未能进行准确的责任定位和承担与之相应的具体责任，致使地区间的差距、城乡间的差异、不同所有制养老机构的扶持失衡等问题直接影响制度的公平性；在制度制定的过程中缺少顶层设计，从而导致出台的相关政策措施多是宏观性指导，缺乏操作性，政府部门间统筹协作性差，产生政策执行不力和执行偏差，如水、电等税费优惠落实成效有限。这些问题的解决，亟须合理界定和规范政府在机构养老服务中的责任。这既是促进机构养老服务良性健康发展的基础和关键，也是实现社会政策科学化的必然要求。

（三）机构养老服务的市场失灵、志愿失灵亟须政府修正

随着老龄化时代的来临，老年人的机构养老服务需求日益增长，群体的扩大必然增加需求主体的多元化特征，市场、社会组织已成为机构养老服务供给的重要载体。它们的发展有效弥补了政府直接提供服务的供给不足，分担了政府一部分的养老压力。但无论市场还是社会组织，均存在一定程度的失灵，亟须政府的干预和修正。

市场主要为少部分有一定消费能力的老年群体提供个性化、高层次的机构养老服务。市场利益优先的原则使得其在机构养老服务领域的服务对象范围狭窄，发展空间有限。民营养老机构的供给完全来源于市场，以利润最大化为追求目标，这部分养老机构数量少且比例小。但当前我国大部分老年人的养老金数额普遍较低，长期护理保险尚在试点阶段，可及性不强，老年群体对市场所提供的机构养老服务整体消费能力不足，外加政府的税费优惠、财政补贴力度不足，一定程度上导致以市场为导向的民营养老机构成本居高不下。在当前消费水平和政策环境欠佳的背景下，民营养老机构整体发展缓慢，许多民营养老机构由于成本压力，所提供的机构养老服务专业化、标准化和人性化程度较低，床位经常空置，缺乏市场应有吸引力。

养老类社会组织具有一定的志愿性，收费相对低廉，在满足中低收入老年人的机构养老服务需求方面优势明显，其发展有效弥补了政府直接提供服务的供给不足，分担了政府一部分的养老压力。虽然基于市场失灵和政府失灵的客观存在，非营利组织在提供机构养老服务方面具有明显的比较优势，已成为机构养老服务供给的重

要载体，但志愿失灵同样也是一种客观存在。非营利组织的本质是志愿性和公共性，却由于政府财政支持不足、社会成员对非营利组织缺乏认同和慈善资助，导致养老类社会服务组织所需要开支与所能筹集到的资金之间存在巨大缺口，多数民办非营利养老机构运营困难，服务质量难以保证。由于生存空间狭小、监督管理制度不健全，护理员短缺、专业性缺乏、内部治理不完善成为民办非营利养老机构普遍存在的问题，社会成员的机构养老服务需求难以得到有效满足。

政府作为机构养老服务的主导者和管理者，直接决定机构养老服务的政策制定、资源支持、发展方向等重要内容，对社会组织、市场的运行发展产生重要的影响。创新机构养老服务的供给方式，发挥市场、社会多元供给主体作用，需要政府行使公共权力，对机构养老服务做出合理的制度安排和资源保障，修正机构养老服务中的“市场失灵”以及“社会失灵”，使得市场的效率优势和非营利组织的志愿优势在政府的引导和规制下得以发挥，最终实现机构养老服务高效、优质的供给。

二　研究问题

纵观世界各国的社会福利发展史，政府在社会福利体系的构建和发展中扮演着极其重要的角色。机构养老服务作为社会福利的基本组成部分，政府是最重要责任主体，居于主导地位，承担着制度设计、服务生产、财政供给、监督管理等责任。在机构养老服务社会化的改革进程中，政府不再是机构养老服务的唯一供给主体，角色定位逐渐从“划桨人”向“掌舵人”转变。政府不仅作为机构养老服务的直接提供者，承担着通过举办公办养老机构为城市“三无”、农村“五保”等特困老人提供免费供养服务以及制度设计的直接责任，还作为机构养老服务的安排者，承担着为民间资本运营、举办的养老机构提供资金支持、政策优惠扶持、监督管理的重要责任，在机构养老服务的多元供给中发挥着主导性、基础性的作用。市场和社会组织则作为机构养老服务的生产者和递送者，主要是配合政府，弥补政府供给的不足。依据福利多元理论，政府、市场、社会作为机构养老服务的重要供给主体，它们之间相互依赖和补充，共同形成责任边界清晰、具体责任明确的责任共担系统，机构养老服务在多元合作供给模式下得到良性发展。但现阶段，我国的机构养老服务在发展过程中仍存在着诸多问题，具体包括养老服务床位资源有效利用率低、服务内容单一、专业能力不足、民办养老机构可得性不强、家庭承担的机构养老服务过多等问题。这些问题客观上均与政府责任定位模糊不清、责任承担不足直接相关。如果不能厘清机构养老服务中的政府责任，不仅会导致机构养老服务制度有效性降低、财政投入不足及监管执行低效，还会制约机构养老服务的健康发展。

要实现机构养老服务的良性运行，核心在于政府责任的明确界定和充分履行。只有明确界定政府责任，才能清晰、合理地划分好政府、市场、社会的责任边界，建立政府间的合理责任分担机制。围绕上述目标，本书的主要研究内容是：

第一，政府在机构养老服务中应承担什么责任？

第二，在历史演进中，政府在机构养老服务中的责任发生了怎样的转变？

第三，现阶段，政府在机构养老服务中的履责现状如何？存在哪些问题？导致问题的成因是什么？

第四，政府应如何更好地承担责任以促进机构养老服务健康发展？

对以上这些问题的考察和解答，不仅可以拓展和深化机构养老服务的相关研究，具有重要的理论意义，而且对提升政府科学决策水平、实现机构养老服务的有效供给、提高机构养老服务的质量具有现实价值。

三　研究意义

机构养老服务作为一种公共服务，具有福利性、公益性，对于增进老年人，尤其是高龄、失能老人的福祉和生活质量具有重要意义。政府在机构养老服务的提供中承担着主导责任。对政府在机构养老服务中的责任进行研究，具有重要的理论意义及实践意义。

（一）理论意义

第一，可以丰富机构养老服务领域的实证研究。目前，学界对机构养老服务的研究多围绕机构养老服务的意愿、问题、服务主体及对策展开，理论层面研究居多，实证研究少。从政府责任的视角对机构养老服务进行研究，有助于从深层次剖析机构养老服务中的体制机制问题，弥补现有实证研究分析层面的深度不足。

第二，有助于社会福利供给模式的理论研究。机构养老服务属于社会福利的重要组成部分，其供给模式与社会福利供给模式密切相关。一个国家的福利供给模式不仅跟本国经济发展状况、政治体制有关，还与福利理念有密切关系，并且随着社会政策的调整有所改变。福利制度模式可分为补缺型、普惠型、选择型、制度型等多种类型，不同的福利模式在财政投入、服务对象选择方面各具特点。研究通过描述政府在机构养老服务中的制度设计、服务生产、资源供给以及组织监管责任承担情况，有助于揭示我国在社会福利制度的具体选择和中国社会福利模式的特点，丰富社会福利的相关理论。

第三，可以透视国家与社会之间的关系。通过对社会福利社会化背景下政府对不同属性机构养老服务的责任差异分析，可以解析国家和社会之间的关系结构，丰富非营利组织、国家与社会关系的理论研究和实证研究。

（二）实践意义

第一，研究可以更好地解决机构养老服务中存在的问题。当前我国机构养老整体服务存在诸多问题，如不能妥善解决，将影响许多有机构养老服务需求的老人晚年生活质量。机构养老服务作为公共产品，政府是其最重要的责任主体。从政府责任视角进行研究，可以从制度层面更好地解决机构养老服务中所存在的问题，通过行政手段进行机构养老资源的优化配置，平衡好政府和市场、社会组织的责任关系，保障入住养老机构的老年人能够更加公平地享受到高质量的机构养老服务，分享经济和社会发展成果。

第二，研究可以为相关政策的制定和具体实施提供参考。本书探讨政府在机构养老服务中的责任，有助于相关部门对机构养老服务发展进行深入的了解，弥补相关社会政策的不足，有利于更加顺利地开展机构养老服务的管理服务工作。

第二节　文献综述

一　国外文献综述

（一）机构养老服务的福利模式研究

西方福利国家的机构养老服务是社会福利的一个组成要素。受不同政治体制、文化传统、经济发展水平以及福利思想基础等因素的影响，各国的社会福利模式不尽相同。社会福利模式作为理解政府福利责任的理论依据，可以明确政府在机构养老服务的应然责任以及政府的责任边界（见表1-1）。

表1-1　西方学者对社会福利模式所作的分类

年份	作者	模式分类
1965	威伦斯基（H. Wilensky） 列彪斯（E. Lebeaus）	剩余型 制度型
1972	蒂特马斯（Titmuss）	剩余型 工业成就型 制度化的再分配型
1975	帕克（J. Parker）	放任主义型 自由主义型 社会主义型
1976、 1985（修订）	乔治（V. George） 韦尔定（P. Wilding）	反集体主义型 被动集体主义型 费边社会主义型 马克思主义型

续表

年份	作者	模式分类
1979	品克（R. Pinker）	古典经济型 新重商主义型 马克思主义型
1984、1990	米什拉（R. Mishra）	新右派型 凯恩斯和贝弗里奇福利国家型 合作主义型 社会民主型 马克思主义型
1989	威廉斯（F. Williams）	反集体主义型 社会改造主义型 非社会主义的福利集体主义型 费边社会主义型 激进的社会行政型 福利的政治经济学型

资料来源：李明政：《意识形态与社会政策》，（台北）洪叶文化事业有限公司 1998 年版，第 52 页。

从以上经典理论来看，社会福利主体是划分社会福利模式的重要依据。最为经典的是丹麦学者艾斯平－安德森的福利模式理论，他将社会公民权的去商品化程度和福利受益人的地位分布范围作为分类轴线，将福利体制分为三种类型，即社会民主主义福利体制、保守主义福利体制和自由主义福利体制，体现了国家在社会福利领域的不同角色定位和政府责任。三种典型福利制度模式中，国家责任有所不同，社会民主主义强调国家的核心责任主体作用，市场和家庭都处于边缘，去商品化程度最高。而保守主义国家的福利责任只是有效的补充，主要通过社会保险模式推进福利制度，去商品化程度较高。自由主义国家只是在市场和家庭都无法提供福利保障时，国家才担负相应福利责任，商品化程度最高。

社会福利模式在一定程度上影响了当前西方福利国家的机构养老服务福利模式以及政府在机构养老服务中的责任定位。按照艾斯平－安德森的经典福利模式理论，依据机构养老服务服务对象的获益资格和机构养老服务的去商品化程度，目前西方福利国家的机构养老服务归为三种典型模式，分别是以美英为代表的市场型、以德国为代表的混合型、以北欧为代表的普惠型。美英等国家奉行自由主义福利体制，机构养老服务以市场导向为主，去商品化程度最高，政府所承担的机构养老服务责任有限，服务对象主要是贫困老年群体。如英国的济贫院最早收容的是老人、孤儿和体弱残疾者，奉行福利自由主义的美国，其照护服务补贴对象只是面向低收入老年群体。[①] 总体来说，强调市场导向的模式，政府所投入的财政资金有限，机构养老费用主要来源于公共医疗补助计划、个人和家庭资金、商业保险，政府在机构养老服务中更加注重发挥对机构养老服务市场化行为的引导和规制职责。以德国为代表的混合型模式奉行保守主义福利体制，强调市场自由与社会责任相结合，早在 1994 年，德国政府即颁布了《长期护理保险法案》，明确规定长期护理保险基金可用于支付机构养老服务的护理费用，有效减轻机构养老服务对象的费用负担。长期护理保险以缴费为前提，普遍惠及市场劳动者，融资采取社会保险与商业保险相结合的方式，居民的收入水平决定其所参加的筹资安排方式。在老年长期照护支出中，社会保险承担了近三分之二的责任，个人支付比例不到三分之一。[②] 总体来看，这种强调互助共济的模式既凸显了政府的责任，同时注重发挥个人及市场主体的作用。北欧国家奉行社会民主主义福利体制，机构养老服务为普惠型模式，在三种模式中去商品化程度最高。这种模式强调公民权利，奉行普遍主义，主要通过公共机构向社会成员提供机构养老服务。资金来源以公共资金为主，公民自付费用很少。2014 年，瑞典在长期护理方面的公共支出占 GDP 比例

① 王杰秀等：《发达国家养老服务发展状况及借鉴》，《社会政策研究》2018 年第 2 期。

② 张盈华：《老年长期照护：制度选择与国际比较》，经济管理出版社 2015 年版，第 85 页。

达到 3.2%，丹麦和挪威分别为 2.6%、2.4%。① 这种模式虽然政府承担了机构养老服务的大部分责任，但以高税收为支撑，政府财政负担过重（见表 1-2）。

表 1-2　　机构养老服务的典型福利模式

责任模式	国家类型	福利理念	受益人群	福利资格	资金来源
市场型	自由主义	助人自助	贫困老人	特殊性	个人付费、私人保险、少量财政资金
混合型	保守主义	风险共担	劳动者	基于缴费	财政资金为主，少量个人付费
普惠型	社会民主主义	普遍主义	社会公民	普遍性	财政主导

（二）机构养老服务的政府与市场、社会责任边界研究

近年来，基于照料资源紧缺以及公共财政压力，“民营化”改革成为西方福利国家机构改革的重点和发展趋向。“民营化”指的是公共服务从公立部门向私立部门的转移。约翰逊从广义上定义了民营化，认为“民营化在最基本的意义上意味着国家角色的缩减，及其部分功能向私人部门的转移”②。狭义上的民营化则仅包括服务传递从公共部门向私人部门转移。③ 机构养老服务的民营化改革实际是处理政府和市场、社会的责任分担问题。政府将机构养老服务交由市场和社会来供给，实现了服务生产责任和服务管理责任的分离。有研究指出，政府、非营利组织和市场共同组成多元化的养老服务供给主体，它们在养老服务市场中构成一种竞争关系，接受服

① 王杰秀等：《发达国家养老服务发展状况及借鉴》，《社会政策研究》2018 年第 2 期。

② Jonson N.，“The Privatization of Welfare”，*Social Policy & Administration*，Vol. 3，No. 1，1989.

③ Gilbert N.，*Welfare Pluralism and Social Policy. In J. Mideley and M. B. Tracy. The Handbook of Social Policy*，Thousand Oaks：Sage Publications，2000.

务的老年人可以自由选择由谁来提供服务。[①] 伊瓦斯曾对英国、加拿大、德国等 14 个国家的养老服务体系进行分析，提出了老年照料服务应建立多元合作的发展模式。他认为老年照料项目中不仅需要政府的责任，还需要多元部门的平衡，强调社会力量发挥作用。[②]

随着民营化改革的推进，政府所承担的直接提供服务责任逐渐减少，主要承担政策制定、财政扶持、标准评估、监督管理等方面的责任。私人部门和社会组织在服务递送中的作用不断增强，民营养老机构逐渐成为福利国家及地区的主流。2000 年，德国正式照护服务体系中非营利机构占 47%，营利机构占 51%，而公共部门仅占 2%。[③] 在美国，营利性的私立养老服务机构占 66%，非营利性的私立养老机构占 27%，其余 7%为政府举办的养老服务机构。[④] 瑞典政府将老年服务需求评估与服务供给分离，地方政府主要负责养老服务的评估和招标工作，市场组织与社会部门合作供给养老服务。迄今为止，87%的瑞典老年养老服务由市场组织提供，仅有 10%的养老服务由非营利性社会志愿部门提供，营利性市场组织在瑞典社会养老服务领域已经占据主导地位。[⑤] 在英国，政府减少了对机构养老服务的直接供给，主要扮演政策制定、监管、评估以及购买服务的角色，私营部门和志愿组织充当机构养老服务直接的服务提供者。[⑥] 2010 年全英国地方政府照料机构的床位只占总床位数的 8%，

---

① Blomqvist, "The Choice Revolution: Privatization of Swedish Welfare Services in the 1990s", *Social & Administratio*, Vol. 38, No. 2, 2004.

② Evers A., "The New Long-term Care Insurance Program in Germany", *Journal of Aging & Aocial Policy*, No. 10, 1998.

③ OECD, *A Good Life in Old Age? Monitoring and Improving Quality in Long-Term Care*, OECD Publishing, 2013. http://www.oecd.orgels/health - systems/Germany - OECD - EC - Good-Time-in-Old-Age.pdf, 2013-08-17.

④ 谢家瑾、刘寅坤：《美国、加拿大社区养老考察调研报告》，《中国物业管理》2012 年第 12 期。

⑤ Gabrielle Meagher, Marta Szebehely, "Marketization in Nordic Elder Care: A Research Report on Legislation Oversight", Extent and Consequences [EB/OL]. http://su.divaportal.org/smash/get/diva2: 667188/FULLTEXT01.pdf.

⑥ 吴玉韶等：《中国养老机构发展研究报告》，华龄出版社 2015 年版，第 103—104 页。

之后地方政府仍在出售或关闭照料机构。[①] 香港特区政府的相关福利部门主要承担政策制定、经费资助、老年福利服务统一标准评估与监管工作，机构养老服务的服务递送主要由非政府福利机构来实施。政府与非营利机构有明确的职能划分，现已形成“民办公助”的服务格局。

（三）机构养老服务的中央地方责任关系研究

近年来，随着机构养老服务的财政负担日益加重，机构养老服务领域呈现中央政府和地方政府分权趋势。西方许多学者从福利国家的角度研究中央与地方的关系变化。罗伯特·贝内特（Robert J. Bennett）认为，福利国家正经历从“福利国家主义”向“后福利国家”的转变，在这一进程中，福利责任出现了两种分权，一种是从政府到市场或非政府组织的分权；另一种则是政府间的地方分权，即福利责任由某一层级政府转到另一层级的地方政府的再分配。[②] 赫尔穆特·沃尔曼与埃克哈特·施罗德认为，福利国家形成以后，需要对中央政府和地方政府的福利职责进行重新界定和划分。地方政府逐渐被整合进中央政府的福利政策中，“不同国家”对地方政府的中央政策出现了趋同。[③]

在西方福利国家，机构养老服务或养老服务的政府分权主要表现为以下两个方面，一是政府管理责任分权，二是政府出资责任分权。政府管理责任的分权主要表现为权力由中央向地方转移下放，管理以地方政府为主。具体而言，中央政府一般负责制定机构养老服务或养老服务的总体框架、政策和标准，地方政府承担机构养老服务具体的管理和递送职责。在日本，中央政府始终负责社会养老

---

① Dexter Whitfield, “UK Social Services: The Mutation of Privatisation. Studies in Social Service”, 2012. https://www.european-services-strategy.org.uk/wp-content/uploads/2012/09/uk-socialservices-mutation-of-privatisation.pdf.

② Robert J. Bennett (ed), *Decentralization, Local Governments, and Markets: Towards a Post-Welf are Agenda*, Oxford: Oxford University Press, 1990.

③ ［德］赫尔穆特·沃尔曼、埃克哈特·施罗德主编：《比较英德公共行政——主要传统与现代化的趋势》，王锋等译，北京大学出版社2004年版，第21页。

服务顶层设计、公共资金筹资、全局性监督管理以及向贫困老年弱势群体提供免费的兜底性照护服务，地方政府则作为养老服务政策的具体实施者，根据地方财政能力和老年群体的照护需求，自主制定本地区养老服务计划和自行开展实施相应的养老服务项目。[①] 欧洲各国素有地方自治传统，瑞典、英国、西班牙的养老服务下放至地方的行动逐步推进。例如瑞典老年人长期照护的具体事务由市政厅负责。地方政府有权选择包括养老机构在内的老年长期照护服务机构，中央政府明确各部门职责范围并起草相关法令，“国家健康和安全委员会”负责对法令实施情况进行监督，省政府负责管理和提供医疗卫生服务，市政府则管理和提供包括机构照护的正式照护服务。[②] 在各级政府的财政责任分担方面，发达国家通常形成多层级政府共同负责、地方为主的财政分担机制。在日本，以机构养老服务对象为重要责任对象的长期照护保险并不是全国统一的，实行市级及以下的统筹层次，老年长期照护社会保险费率由各个市町村确定，地方政府承担“兜底”财政责任。瑞典1992年实施“老年照护改革”，中央政府将中央管理的养老服务筹资、给付等事务下放到市政府。[③] 无论是日本还是瑞典，由于地方政府财力和地区机构养老服务需求存在差异，出现了地方政府养老服务财政负担差别明显的现象。

二　国内文献综述

（一）机构养老服务的政府责任必要性研究

在学术界，将机构养老服务与政府责任联系在一起已经成为普遍认识。通过文献回顾，发现政府责任的缘由主要源于以下三个方面的原因。

---

① 徐倩、陈友华：《典型福利体制下社会养老服务国际比较与启示》，《山东社会科学》2019年第2期。

② 张盈华：《老年长期照护：制度选择与国际比较》，经济管理出版社2015年版，第48页。

③ 张盈华：《老年长期照护：制度选择与国际比较》，经济管理出版社2015年版，第48页、第82页。

首先，机构养老服务的权利属性是政府责任纳入的基础。从性质上看，养老服务所涉及的是老年人的生存权。《中华人民共和国宪法》规定："中华人民共和国公民在年老、疾病或者丧失劳动能力的情况下，有从国家和社会获得物质帮助的权利。"穆光宗提出，老有所养是公民的基本权利，保障社会成员公平地享有养老的相关资源是政府的责任，如要对城乡特困老人提供兜底性的机构养老服务。① 鲁迎春、陈奇星认为，随着经济的发展和政治文明程度的提高，养老服务供给中的政府责任整体形态由"慈善救济"向"权利保障"转型，为全体社会成员提供多元化的养老服务保障成为政府不可推卸的责任。② 侯慧丽指出，政府在养老服务中的"保基本"应从保"特殊人群"的基本转变为保"服务项目"的基本，保证每个老年人的养老服务基本需求的获得。③

其次，机构养老服务的公共产品属性是政府介入的重要缘由。对于机构养老服务的产品属性，目前学界的共识是，从公共经济学理论划分，机构养老服务可以划分为纯公共产品、准公共产品和私人产品，④ 具有福利性、公益性、市场性、产业性的多重属性。⑤ 陈静、周沛提出，准公共产品的公共性与福利性决定了政府被视为当然的责任主体。⑥ 鲁迎春指出，政府对养老服务服务供给的纳入是对养老服务公共服务属性的回应。⑦ 赵婷婷认为，机构养老服务所

① 穆光宗：《政府的养老责任》，《社会政策研究》2019 年第 4 期。

② 鲁迎春、陈奇星：《从"慈善救济"到"权利保障"——上海养老服务供给中的政府责任转型》，《上海行政学院学报》2016 年第 3 期。

③ 侯慧丽：《社会养老服务类型化特征与福利提供者的责任定位》，《中国人口科学》2018 年第 5 期。

④ 吴玉韶等：《中国养老机构发展研究报告》，华龄出版社 2015 年版，第 26 页。

⑤ 吴玉韶等：《中国养老机构发展研究报告》，华龄出版社 2015 年版，第 26 页；侯学元：《试论养老服务事业与产业的双重属性——以江苏省为例》，《社会福利》2013 年第 12 期；马岚：《福利性、公益性和产业化相结合的养老服务模式研究》，《现代经济探讨》2019 年第 2 期。

⑥ 陈静、周沛：《论我国老年社会福利供给中政府角色的嬗变》，《东南学术》2015 年第 3 期。

⑦ 鲁迎春：《公私合作：上海养老服务供给的探索》，上海人民出版社 2019 年版，第 33 页。

具有的准公共产品的属性使得其在发展过程中，具有明显的非排他性，但由于其中存在着供需矛盾，所以其同时具有竞争性和拥挤性。准公共产品的属性决定了在专门的养老机构所提供的服务中，政府需要承担相应的责任。①

最后，机构养老供给的市场失灵、志愿失灵是政府干预的基本条件。易艳阳、周沛从市场失灵角度出发，认为市场主体供给养老服务的根本出发点在于盈利，为规避市场治理导致的有效需求不足的市场风险与逐利的道德法律风险，政府应承担责任。② 黄闯对民办养老服务机构的研究发现，虽然民办养老机构属于社会组织，但由于资金来源于民间资本，对经济利益的追求难以避免。外加投资回收成本长、风险大，政府支持是促进民办养老机构健康发展的重要外部动力和制度保障。③ 董红亚认为机构养老服务的志愿失灵是政府干预的重要因素。她认为，当前进入养老服务领域的社会力量薄弱，大多为小微企业主和普通民众，弱势化主体谋利求生的主观愿望和国家有关非营利组织的政策形成冲突，政府有必要加大民非机构支持力度以此促进养老服务事业发展。④

（二）机构养老服务的政府责任定位研究

当前，国内学者关于机构养老服务中政府应怎样履行责任的研究并未形成统一的观点，主要集中于政府的角色与行为。龙玉其从应然模式出发，认为政府在民营养老机构的理想角色应该体现为统筹规划者、政策制定者、资金支持者、服务购买者、人才培养者、

---

① 赵婷婷：《我国养老机构的地位、性质及运行方式研究》，《社会工作》2012 年第 5 期。

② 易艳阳、周沛：《元治理视阈下养老服务供给中的政府责任研究》，《兰州学刊》2019 年第 4 期。

③ 黄闯：《民办养老服务机构运行：自我发展与支持体系》，《重庆社会科学》2016 年第 2 期。

④ 董红亚：《基于主体弱势化的民办养老机构发展研究——以浙江省为例》，《中州学刊》2013 年第 5 期。

监督指导者和宣传引导者。[①] 唐咏在效率与责任层面认为，政府需要在养老服务中引入市场化管理模式，政府不再作为服务的直接提供者，而成为机构养老的组织者、管理者和购买者。[②] 陈雷从公平性和有效性视角，指出政府在机构养老服务中的职责主要是加强政策的顶层设计，推动部门间的协作配合，以及强化政府的监督管理。[③]

有关机构养老服务的政府责任限度划分，很多研究从公共产品的角度进行分析。方浩认为中国机构养老服务的需求可以划分为三个层次，分别是：困难老人的养老需求、社会大众的普遍养老需求、高端养老服务的奢侈性需求。从政府责任的角度来看，满足老人养老需求有着一定的次序性。政府应优先解决养老的基本服务，主要由政府部门提供养老服务产品；其次解决养老的普遍服务，这类需求可以由政府提供，也可以由社会组织提供；养老的高档服务则交给市场解决，政府只负责监管问题。[④] 王莉莉提出，对于纯公共物品属性的养机构老服务，政府承担全部的资金供给责任。而对于准公共物品属性的机构养老服务，政府仅承担部分资金供给的责任。[⑤] 王婷等人认为，基于市场失灵和社会公平，机构养老服务不能完全由市场供给。因此政府有责任作为机构养老服务的直接提供者举办公办养老机构。[⑥]

---

① 龙玉其：《民办非营利性养老机构发展研究》，经济管理出版社 2018 年版，第 124—126 页。

② 唐咏：《中国社会福利变迁下养老服务中非营利民间组织的发展》，《深圳大学学报》（人文社会科学版）2019 年第 1 期。

③ 陈雷：《民办养老机构优惠扶持政策实施评估研究——基于公平性与有效性视角》，《云南大学学报》（社会科学版）2016 年第 1 期。

④ 方浩：《养老机构公建民营：现状、特征及问题》，《经济与管理研究》2016 年第 5 期。

⑤ 王莉莉：《公办养老机构转制发展现状及对策研究》，《兰州学刊》2019 年第 2 期。

⑥ 王婷、李珏玮、张英：《公办养老院存在的必要性》，《中国老年学杂志》2007 年第 27 期。

（三）机构养老服务的政府责任现状研究

国内学术界普遍认为我国机构养老服务中政府责任定位不清，存在“缺位”“错位”“越位”等现象。龙玉其对民办养老机构的研究发现，政府的作用在实践中存在一些偏差，主要体现在缺位、越位及不到位三方面。具体表现为宣传引导、统筹规划、政策制定缺乏，对民非养老机构的设立与经营干预过多，以及资金支持、人才培养等方面的不足。[①] 方浩对47个国内养老机构公建民营案例的分析，发现许多地方政府将养老机构民营化改革成本直接转嫁给服务对象，政府责任处于“缺位”状态。[②] 程启智、罗飞认为，当下我国政府在机构养老服务存在“错位”，由于政府没有区分机构养老服务的公共产品和私人产品的属性差异，导致公办养老机构仍然同时供应以上两种性质的服务。[③]

许多学者通过专项研究，还发现政府在履责过程中普遍存在的一些问题。首先，最为典型和被学术界讨论最多的问题是政府对养老机构的优惠扶持缺乏公平性，重公办轻民办。黄春蕾等认为，公办养老机构与民办养老机构补贴额差距大，对民办养老机构的财政扶持力度小，补贴内容单一，公办养老机构和民办养老机构之间存在不公平竞争。[④] 由于政策扶持的差异，公办养老机构和民办养老机构之间存在不公平竞争和非均衡发展，导致公办养老机构资源短缺和民办养老机构资源利用率不高，造成养老供需矛盾与养老资源

---

① 龙玉其：《民办非营利性养老机构发展研究》，经济管理出版社2018年版，第127—130页。

② 方浩：《养老机构公建民营：现状、特征及问题》，《经济与管理研究》2016年第5期。

③ 程启智、罗飞：《中国公办养老机构改革改制路径选择》，《河北经贸大学学报》2016年第2期。

④ 黄春蕾等：《社会养老服务体系建设及治理创新——基于济南市的实证分析》，山东大学出版社2015年版，第45页。

的闲置、浪费。[①] 其次，政府在政策制定方面缺乏顶层设计。陈雷认为我国关于机构养老服务的法律法规处于缺失状态，没有专门针对机构养老的相关法律法规。相关的养老服务政策主要源于一些职能部门，国务院层面的专门性政策基本上没有，政策的权威性不足。[②] 再次，相关政府部门政策执行不到位普遍存在。尽管国家制定了相关政策，黄健元、程亮以及王军强、李兵的两项研究显示，有关部门和地方政府没有制定相应的配套措施，在实际执行中缺乏相应的操作机制，出现财政补贴力度不足，补贴审核门槛过高，水电等相应优惠政策难以落实的情况。[③] 最后，在中央地方政府责任方面，龙玉其认为不同层级政府之间缺乏合理的财政责任分担机制。以地方财政为主、责任分担机制的不明确不利于地区之间养老机构的均衡发展与养老服务的均衡发展。[④]

（四）机构养老服务中政府与市场、社会关系研究

机构养老服务中政府与市场、社会的关系影响政府的责任定位。现阶段，由于人口的老龄化以及家庭的小型化等社会结构变动，机构养老服务的需求不断增多，机构养老服务对象转向“差异化”，服务产品转向“个性化、多样化”，完全依靠政府投入发展和运营养老机构并不现实。王争亚、吕学静提倡，提高机构养老服务的服务水平，不仅要发挥市场对养老服务资源的配置作用，还要扩展社

---

① 陈雷：《民办养老机构优惠扶持政策实施评估研究——基于公平性与有效性视角》，《云南大学学报》（社会科学版）2016 年第 1 期；关信平、赵婷婷：《当前城市民办养老服务机构发展中的问题及相关政策分析》，《西北大学学报》（人文社会科学版）2012 年第 5 期；穆光宗：《我国机构养老发展的困境与对策》，《华中师范大学学报》（人文社会科学版）2012 年第 2 期；王海菲：《公办养老机构“二元化”问题历史政策探究——基于北京市公办养老机构的实地研究》，《北京城市学院学报》2017 年第 2 期。

② 陈雷：《从补缺型迈向民享型：我国机构养老服务治理与发展战略研究》，《理论导刊》2016 年第 1 期。

③ 黄健元、程亮：《社会支持理论视角下城市民办养老机构发展研究》，《东南学术》2014 年第 6 期；王军强、李兵：《城市养老服务政策基层实践偏差、困境及其治理——以北京市为例》，《社会保障研究》2018 年第 3 期。

④ 龙玉其：《民办非营利性养老机构发展研究》，经济管理出版社 2018 年版，第 142 页。

会组织的职责来提供质量优良且个性化的养老服务。[①] 陈英姿认为，我国养老服务供给主体变化和社会利益需求多元化，要求养老公共服务供给主体由政府、市场和社会组织三方合作，按照政府主导、社会参与、市场运作的原则，实现机构养老服务资源配置最优。[②] 王莉莉提出，面对日益增长的机构养老服务需求和公办养老机构经营管理中的诸多弊端，应吸引民间资本推动机构养老服务的市场化发展。[③]

有关政府与市场、社会在机构养老服务中的责任定位，侯慧丽认为，政府不仅要为特殊人群提供养老服务，还要确保社会老人的基本养老服务需求，市场虽然不能取代家庭养老，但应积极发展以提升老年人的生活质量，以此减少因供给主体责任错位引发的问题。[④] 李学斌提出，政府、社会、市场均是提供社会化养老服务的重要供给主体。只有把握好各自的角色和定位，发挥各自优势，履行各自功能，才能共同满足养老服务需求。[⑤] 具体地说，陈静指出在机构养老服务发展中，制定规划、出台政策、市场监管等方面不能交给社会和市场，应由政府发挥作用。[⑥]

对于如何构建政府责任模式，多名学者提倡建立政府、市场和社会的协调关系。陈雷主张，倡导与鼓励政府与市场、社会等福利服务主体的合作与协作，结成伙伴关系，通过公办民营、民办公助、政府补贴、购买服务等方式共同推动中国机构养老服务的建设

---

① 王争亚、吕学静：《福利多元主义视角下我国养老服务供给主体问题解析》，《中国劳动》2015 年第 4 期。

② 陈英姿：《中国养老公共服务供给研究》，《人口学刊》2013 年第 1 期。

③ 王莉莉：《公办养老机构转制发展现状及对策研究》，《兰州学刊》2019 年第 2 期。

④ 侯慧丽：《社会养老服务类型化特征与福利提供者的责任定位》，《中国人口科学》2018 年第 5 期。

⑤ 李学斌：《社会福利社会化政策的反思——以养老服务为例》，《社会工作》2009 年第 5 期。

⑥ 陈静：《养老机构发展的瓶颈问题及其化解探析——以天津市为例》，《社科纵横》2012 年第 10 期。

与发展。[①] 关信平等对政府与市场的关系进行剖析，指出机构养老服务不能建立在纯市场的体制下，要建立在政府干预下的机构养老服务市场机制，实现福利性与市场性的结合。[②] 付诚等提出政府应加大对养老服务机构的投入，充分调动市场积极性，引导市场提供专业化、多样性的养老服务，推动社会化养老服务体系的有序发展。[③]

三 文献述评

由上述文献梳理可得出，近年来，学者对政府的养老服务责任研究颇多，这些成果既有基于实证研究的现状描述，也有理论方面的分析解释。学者的探讨对了解机构养老服务的政府责任相关理论、辨析我国机构养老服务的现状与问题具有重要意义。但这些研究也存在进一步讨论和发展的空间，存在以下不足：

一是研究碎片化，缺乏综合性研究。机构养老服务具有不同的公共产品属性，可分为纯公共产品属性的机构养老服务和准公共产品属性的机构养老服务。学者对某一类机构养老服务中的政府责任研究居多，如农村“五保”供养责任研究，或对社会养老服务责任的研究，很少将机构养老服务视为一个整体对象开展系统研究，研究呈现碎片化。

二是研究偏原则分析，缺少深入的调查研究与逻辑推理。已有研究多从宏观角度分析政府责任，常见的是政府主导、政府责任边界不清等笼统性的结论，缺少相应的调研材料支撑，使得这部分研究仍缺乏系统和深刻的阐述，这必然会影响到研究成果的理论和应用价值。

三是研究缺乏系统性。尚未形成系统、可行的理论分析框架对

---

① 陈雷：《从补缺型迈向民享型：我国机构养老服务治理与发展战略研究》，《理论导刊》2016 年第 1 期。

② 关信平、赵婷婷：《当前城市民办养老服务机构发展中的问题及相关政策分析》，《西北大学学报》（人文社会科学版）2012 年第 5 期。

③ 付诚、王一：《我国养老服务面临的问题与对策》，《经济纵横》2010 年第 12 期。

机构养老服务的政府责任进行系统化表述与具体构架。由于缺乏理论支撑，政府在机构养老服务中的责任定位及具体责任内容，目前的研究暂时还没有给出一个让人满意的回答。

四是缺少对机构养老服务中政府履责问题成因的系统分析。虽已有不少研究关注政府履责中的问题，如对公办养老机构和民办养老机构扶持不平衡研究、对民办养老机构水电等优惠落实不力的研究，但很少有学者对存在问题进行系统的归因分析，因而没有真正触及问题的根本所在。

上述研究不足的存在为本书提供研究的空间，本书试图从“全景”的角度审视机构养老服务中的政府责任，以责任政府理论、公共产品理论和福利多元主义理论为依据，采用构建分析框架与实证研究相结合的方式，系统地分析机构养老服务中的政府责任定位、履责现状及问题成因，为合理构建机构养老服务中的政府责任体系提供理论依据。

第三节　研究设计

一　研究思路

本书按照“提出问题—构建框架—历史分析—实证分析—国外经验借鉴—政策建议”的逻辑主线，对机构养老服务中的政府责任进行理解和分析。首先是“提出问题”，通过剖析机构养老服务发展的社会背景和时代背景，明确本书的具体问题；其次是“构建框架”，借鉴责任政府理论、公共产品理论和福利多元主义理论，构建机构养老服务中的政府责任分析框架。在此基础上，本书以历史考量、实证分析的思路进行后续研究。通过历史分析，总结政府责任在机构养老服务不同发展阶段的特点以及政府责任演化的动力，以便更好地理解现阶段我国政府的履责状况及背后的行动逻辑。通过实证研究，深入考察我国机构养老服务中的政府履责现状和履责问题，并对导致政府履责问题的成因进行深入分析。在上述研究的基础上，提出政策建议，以期为我国机构养老服务中政府责任的有效发挥做出有益探索。

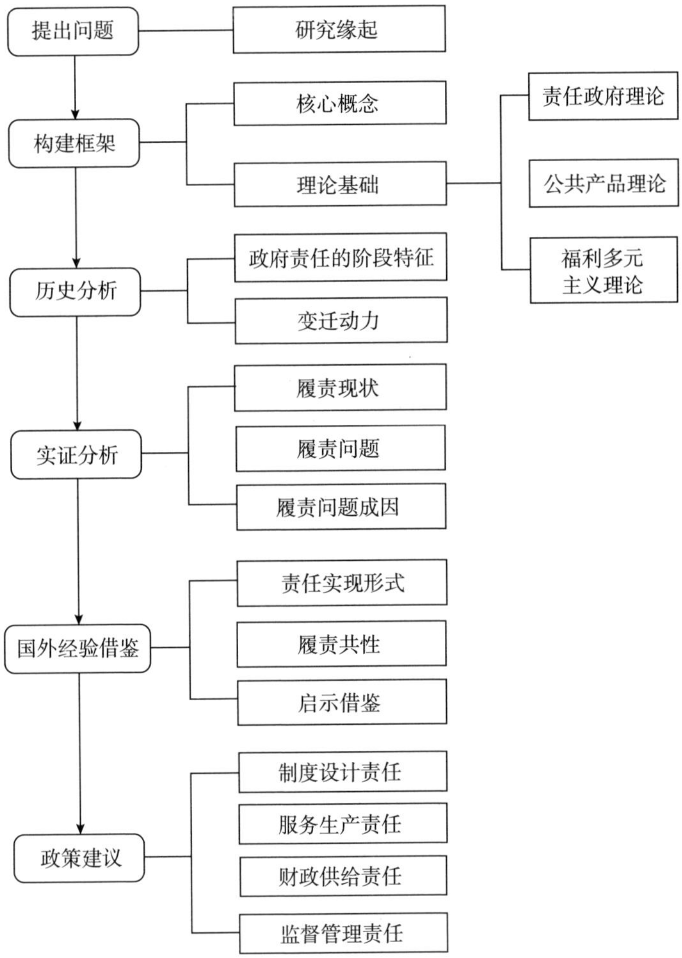

图 1-1　本书研究思路及框架

二　研究方法

本书主要围绕政府在机构养老服务中的责任演化、履责现状及问题展开研究，不仅需要资料的客观性和真实性，还需要资料的深度与广度。研究坚持理论研究和实证研究相结合的思路，充分运用文献研究法和实地研究法。

（一）文献研究法

文献研究是一种通过收集和分析现存的，以文字、数字、符号、画面等信息形式出现的文献资料，来讨论和分析社会现实的一种重要研究方式。[①] 本书采用文献研究法收集和分析既有文献资料，不仅可以从历史发展的角度认识政府在机构养老服务中的责任变化，还可以全面了解当前政府在机构养老服务中的责任理念、制度建设和发展方向。本书所使用的文献资料主要有以下来源：一是通过人口普查数据库、历年的全国民政统计年鉴、财政统计年鉴、社会统计年鉴及部分省市政府官方网站、官方公开统计数据等途径获取国家及省市层面的人口、养老机构、国家财政支出等方面的数据资料。二是收集国家、部分省、市、区级政府关于机构养老服务财政供给、政策优惠、监督管理等方面的政策规定，从而了解当前政府在机构养老服务领域所承担的责任。三是学术研究资料。以“政府责任”“政府角色”“养老服务”“养老机构”作为关键词，将中国期刊网络出版总库、中国博士论文全文数据库等电子资源以及已出版的相关专著等资料作为研究的重要参考依据。

（二）实地研究法

本书采用实地研究法主要是基于机构养老服务的实践工作状态。一是机构养老服务的资料数据比较少。目前缺乏全国性机构养老服务的调查，民政部、各地民政部门的官方统计数据尚未将机构养老服务作为单列项目进行统计，由此在定量方面难以对机构养老服务进行系统的统计分析。二是通过与调查对象的深入交谈，能够更全面、详细、深层地获取研究材料，呈现政府履责的实然状态，弥补文献研究的些许不足。

---

① 风向天：《社会学研究方法》，中国人民大学出版社 2005 年第 2 版，第 224 页。

主要采用半结构式访谈法收集资料。由于研究主题涉及机构养老服务的责任主体，访谈对象共分为两类，分别是机构养老服务的管理者和机构养老服务的递送者，访谈对象共计23人。一是对政府相关部门的工作人员进行访谈，从中探寻政府部门展开机构养老服务时的工作态度、工作方式、工作成效及面临的问题。包括山东省、济南市、区、街道四级民政部门及省财政厅、市财政局、市卫健委、市医疗保障局。访谈对象共10人，具体包括山东省民政厅工作人员1人，济南市民政局工作人员2人，济南市S区民政局工作人员2人，济南市T区民政局工作人员1人，济南市L街道办事处民政部门工作人员1人，济南市财政局工作人员1人，济南市卫健委工作人员1人，济南市医疗保障局工作人员1人。二是对13名养老机构的负责人进行访谈。在养老机构的选择方面，由于政府对不同类型养老机构的责任内容和责任形式不同，根据养老机构的产权、经营权特征以及规模类型，走访了公办养老机构、公建民营养老机构、民办非营利养老机构以及民办营利养老机构四种类型养老机构，共13个。其中公办养老机构4个，包括市里唯一的福利院，3个农村敬老院（大、中、小规模各1个）；公建民营养老机构2个；民营养老机构1个。由于济南市民办非营利养老机构占比高，为增加代表性，增加了此类型养老机构的样本容量，选取6个民办非营利养老机构（大、中、小规模各2个）。通过对养老机构相关工作人员的访谈，从而获得养老机构的发展现状、发展困境及政府对养老机构的责任履行情况。

为保证访谈的信度，访谈辅之录音笔录音留作语音记录。所有访谈要求用电子录音设备在征求对方同意的前提下进行录音。通过访谈，具体了解整个机构养老服务的供给中，相关政府部门与各类养老机构究竟是如何实现互动和履行相应的责任，及在责任履行中会面临哪些困境等。为了完善材料，通过电话、邮件等方式及时与访谈对象沟通，不断补充与完善被遗漏或不齐全的信息，以确保对案例资料理解的深度与精度。

三　创新之处

本书的创新之处主要体现在以下三个方面。

一是研究视角的创新。虽然诸多学者围绕“政府责任”做了大量研究，但对机构养老服务中政府责任进行专项研究，无论是理论研究还是实证分析都相对较少，所以本书具有一定的理论价值和现实意义。本书将机构养老服务与政府责任相结合，探讨了在机构养老服务社会化进程中，政府如何进行责任定位并如何履行责任，为机构养老服务的良性运行提供了一种优化途径。故而，本书在研究视角上具有一定的创新之处。

二是分析框架的创新。综览现有研究成果，对于机构养老服务中的政府责任没有一个明晰的框架可供参考。大多数研究是从应然的分析角度陈述作者的一些直观的观点，缺少对这一主题的系统、深入分析。本书以责任政府理论、公共产品理论和福利多元主义理论为理论基础，以此构建机构养老服务的分析框架。将政府责任构成要素界定为制度设计责任、服务生产责任、财政供给责任、监督管理责任四个要素，为研究提供新的分析视角。

三是研究内容的创新。当前学者对于机构养老服务中的政府责任的研究，大多侧重于纯公共产品属性的机构养老服务和准公共产品属性的机构养老服务中的一种，很少进行全面、综合性的研究。本书围绕以上两种不同公共产品属性的机构养老服务，对机构养老服务中的政府责任展开较为全面的研究与探讨。首先将政府责任作为一个动态系统，从制度设计责任、服务生产责任、财政供给责任和监督管理责任四方面进行应然层面的分析；其次通过实证研究，分析政府履责面临的问题及成因；最后从政府责任构成的四方面要素思考政府责任的完善及如何更有效地履行。

第二章　核心概念、理论基础与分析框架构建

第一节　核心概念界定

对一项研究来说，明确界定所涉及的核心概念的内涵及外延是研究顺利开展的基础和前提。本书中核心概念主要有机构养老服务、政府责任，政府在机构养老服务服务中的责任，这些概念的明晰有助于我们更好地提出研究目标及框架。

一　机构养老服务

机构养老服务是为满足老年人，尤其是高龄老人、失能老人的专业化养老服务需求，由政府或社会力量举办的专门的老年照护机构，以无偿或付费方式为城市“三无”、农村“五保”等特殊困难老年群体以及社会老人集中提供住宿、生活照料、医疗护理及精神慰藉的专业照护服务。《社会养老服务体系建设规划（2011—2015年）》提出：“我国的社会养老服务体系主要由居家养老、社区养老和机构养老等三个有机部分组成。”由此可见，从性质划分方面看，机构养老归属社会养老服务，是一种重要的公共服务。

机构养老服务有着服务专业化、经营规模化的优势，最能代表社会化养老服务的水平，是高龄老人、失能老人养老的重要选择。由于人口老龄化日益严峻的态势和家庭养老功能的弱化，老年人，尤其是高龄、失能老年人对机构养老服务的需求日益增加，机构养

老服务的服务对象出现了变化。现阶段机构养老服务对象不仅包括计划经济时代政府承担兜底责任的城市“三无”、农村“五保”等城乡居无定所的生活困难的老年群体，还包括有机构养老需求的社会老人。随着人口老龄化日益严峻，失能老年人口数量不断增长，在经济条件和身体健康条件允许下，选择机构养老的老年人日益增多。通过机构养老服务，老年人可以得到更加专业的照护服务，服务内容具体包括生活照顾、医疗保健、心理慰藉等方面。通过开展上述服务，可以有效解决老年人，特别是高龄老人和失能老人生活照料难题，提高老年人的生命质量，减少老年人独居的孤独感。总之，机构养老服务作为长期照护服务连续体的重要环节，所提供的生活照料、医疗照护、康复护理及精神慰藉等方面的专业服务可以满足老年人不同阶段的专业化照护服务需求。

机构养老服务是由正式机构提供的社会化养老服务，家庭、社区等传统的力量很少涉及。本书中的机构养老服务供给主体包括政府、市场及社会组织等社会化供给主体，不包括传统家庭、亲戚邻里等非社会化主体。基于供给主体及机构养老服务供给模式的不同，机构养老服务供给可划分为四种基本类型，即政府供给、政府与市场/社会合作供给、市场供给、社会组织供给。这四种基本供给模式的有机结合形成了机构养老服务多元供给格局。机构养老服务的供给模式可以通过机构养老服务的载体——养老机构的类型进行划分。具体来讲，养老机构因投资主体性质及运营模式的不同，分为公办公营养老机构、公办/公建民营养老机构、民办非营利养老机构和民办营利养老机构四种类型。这四类养老机构的供给主体有所不同，分别对应政府、政府与社会/市场、社会、市场。由于供给主体与供给模式不同，不同养老机构在发展的基础、发展的方向和面临的问题等方面都呈现较大的差异，因此机构养老服务发展存在一定程度的分化。

二　政府责任

界定政府责任，需要先对责任进行解释。责任是西方哲学家和政治思想家热衷的话题。亚里士多德等人将责任解释为人对自己选择的行为负责，康德认为“责任就是由于尊重规律而产生的行为必要性”①。马克思将责任界定为一种使命和任务。新公共管理运动以后，公共管理学者越来越倾向于使用 accountability 这一概念，这种转变说明更强调职责、透明度、负责、义务等概念。② 综合上述学者的定义，可以将“责任”的内涵归纳为两层含义，一是行为主体必须履行的各项事宜，是一种积极行为；二是行为主体未尽分内之事而要承担的后果，是一种消极反馈。

政府责任是由“责任”一词延伸而来的，实际上是将“责任”的含义细化于政府这一主体上。西方学者普遍认为，政府责任的含义包含三个层面：一是政府及公务员行使公共权力，推动社会运行和发展；二是政府因未履行责任而受到制裁和谴责，对政府和公务员进行问责；三是政府要回应和说明责任，提高公共管理、公共政策的透明度，提升公民参与度。从价值理念视角来看，斯塔林（Grover Starling）认为，政府责任包括回应、弹性、能力、正当程序、责任、诚实六个基本构成要素。③ 在我国，关于“政府责任”的研究成果也较为丰富。张成福将政府责任界定为政府能够积极地对社会民众的需求做出回应，并采取积极的措施，公正、有效率地实现公众的需求和利益。④ 李景鹏指出政府责任即为“保障人民的权力和增进人民的福利”⑤。

依据上述对于政府责任的阐述，为了使研究清晰化，本书将政府责任概括为我国中央政府及地方各级政府满足社会公众的需求应履行的职责和义务。

---

① ［德］康德：《道德形而上学原理》，苗力田译，上海人民出版社 2002 年版，第 16 页。

② 李军鹏：《责任政府与政府问责制》，人民出版社 2009 年版，第 8 页。

③ Grover Starling, *Managing the Public Sector*, The Dorsey Press, 1986.

④ 张成福：《责任政府论》，《中国人民大学学报》2002 年第 2 期。

⑤ 李景鹏：《政府的责任和责任政府》，《国家行政学院学报》2003 年第 5 期。

三　机构养老服务中的政府责任

依据上述机构养老服务和政府责任的概念界定，本书所要研究的机构养老服务中的政府责任着眼政府在机构养老服务中所承担的职责和义务，具体是指政府能够积极地对老年人及其家庭成员的机构养老服务需求做出回应，通过制度设计、服务生产、财政供给、监督管理多种履责方式，有效保障和满足社会成员机构养老服务需求的职责和义务。

虽然政府作为机构养老服务的提供者和维护者承担着不可推卸的重要责任，但机构养老服务资源配置中存在无法回避的供需矛盾。即受政府自身能力和供给效率的限制，政府能够提供的机构养老服务资源总量是有限的，无法全部满足社会成员的机构养老需求。为缓解供需矛盾和满足社会成员多元化的需求，政府在机构养老服务中的责任，更加强调发挥政府在机构养老服务中的主导责任。政府通过制度设计、服务生产、财政供给、监督管理等履责形式为市场、社会组织参与机构养老服务提供有序、公平的制度性的保障，以增加机构养老服务的有效供给和提高服务质量，满足不同社会成员多样化、多层次的机构养老服务需求。在具体实践中，政府责任就是围绕政府在机构养老服务中“需要承担什么责任”以及“如何承担责任”两个具体层面展开。

第二节　理论基础

一　责任政府理论

目前，学术界普遍认为，责任政府既是一种基本价值理念，也是一项制度安排。作为一种价值理念，责任政府的权力来源于公民的授权或委托，政府要对公众的正当需求作出积极回应，需要承担政治、法律、行政、道德等方面的责任以证明政府的价值与合法性。作为一项制度安排，基于政府和公民之间的委托代理关系，权责一致是责任政府的逻辑基础。为确保政府权责一致性，责任政府通过建立权力约束机制与责任激励机制，从制度上规范与激励政府履行责任，实现政府责任本位。

（一）政府责任理论发展和政制实践

从责任政府的理论和实践发展来看，政府的责任具有时代性。政府责任理论随着市场经济发展和民主政治的建立而确立，经历了从无到有、从简单到复杂、从单一到复合的动态变化过程。

在封建专制社会，虽然国家权力掌握在君主手中，但君主不对社会成员承担任何责任。以“主权在民”为核心内容的民主主义是责任政府的重要思想来源。但在资本主义发展初期，西方国家秉持自由主义政府职能观，认为市场经济是有效实现社会效益的最好形式，政府扮演的是“守夜人”角色，政府承担的责任有限，主要承担政治责任。

20 世纪 30 年代以后，由于现代工业的发展和经济危机的出现，政府责任的核心价值发生转变，干预主义政府职能观逐步形成。政府开始强调在公共服务、养老保障等方面的责任，对社会生活进行广泛全面的干预。凯恩斯主义认为政府主要承担弥补市场失灵而确定的配置、稳定和分配等责任。但在工业主义逻辑下，社会福利只是为经济服务，政府的福利责任也相对消极。随着 20 世纪中期马歇尔公民权利理论的提出，西方福利国家兴起，公共服务和社会福利成为公民应当享有的社会权利，公共产品的范畴越来越广，责任政府建设进入全面行政责任时期。

20 世纪 70 年代以后，面对政府责任环境的变化以及政府自身在民主责任、官僚责任、法律责任、伦理责任等方面存在的问题，西方国家突破“政治与行政二分法”原则和“官僚制”等传统公共行政模式开展公共行政改革运动，责任政府理论研究进入多元复合的发展阶段。当代新公共行政理论中，最有影响的是新公共管理理论、新公共服务理论和治理理论。新公共管理理论主张政府要以公民的满意度为标准、对结果负责，并在公共服务的手段和供给方式方面引入了许多企业的技术和方法。新公共服务理论针对新公共管理理论所倡导的“企业家政府”理论缺陷，认为政府的主要职责在于平等、公正地为社会成员提供各种公共服务。治理理论则是提出要建立多中心的公共管理机制。强调政府在多元治理主体并存的公共治理过程中，要明确自身责任并强化责任制为其行动承担责任。

（二）责任政府的核心思想

1. 责任政府的权力来源

民主政治思想是责任政府理论的重要理论渊源，社会契约理论和人民主权理论对政府权力的来源进行了详细阐述。社会契约理论作为责任政府起源著名理论，强调政府的一切权力来源于公民与政府之间的委托。也就是说，政府与社会成员之间是一种契约关系，政府的权力来源于公众权力的委托。因此，政府在享有权力的同时还要对公众承担契约责任，以维护公众利益。政府的权力是政府与公众订立契约的结果，这一理论解释了政府责任的必要性。人民主权理论奠定了责任政府坚实的理论基础，从根本上颠覆了专制政府与公众之间的权责关系。该理论认为人民主权高于一切，人民是一切权力的所有者。但人民并不能直接行使国家主权，因此需要将公共权力授予政府行使。政府权力来源于人民的委托，政府必须对委托人——人民负责，承担相应的责任。虽然在政府与公众的关系方面，社会契约理论强调双方平等的交换关系和制约关系，人民主权理论认为“主权在民”，人民是主权的承担者，但两种理论均强调政府的权力来源于人民。

2. 责任政府的构成要素

作为完整的复合体系，责任政府由责任主体、责任对象、责任内容和责任机制四个要素构成。[①] 这实际围绕“由谁负责”、“对谁负责”、“对何负责”及“如何负责”四个关键性的问题展开。（1）责任主体：一般指国家各级行政机构及其行政人员。（2）责任

① 蒋劲松：《责任政府新论》，社会科学文献出版社 2005 年版，第 1 页。

对象：根据人民民主的理论，对人民负责是责任政府的根本价值取向。因此，人民是责任政府的终极责任对象。（3）责任内容：责任政府的责任形式多样，责任内容划分并无定式。如特里·库珀从官僚政治的视角将行政人员承担的政府责任界分为主观责任和客观责任。[①] 张成福从宏观层面将政府责任分为四类，分别是政治责任、行政责任、法律责任和道德责任。[②]（4）责任机制：责任机制是构建责任政府的关键环节，具体指以何种方式承担责任的问题。政府问责制是建立责任政府的关键机制，需要通过各级政府行政人员的有效履责才能实现。

3. 责任政府的职能

政府的职能是政府活动的总体概况，指政府的职责与任务，即政府在国家和社会生活中所扮演的角色与承担的任务。[③] 政府职能反映了政府责任的实质、价值目标和责任内容。责任政府的根本属性在于它的责任本位，其职能的核心是公共服务。根据公共管理运动关于政府职能的理论，面对社会需求的多样性、多元化和政府满足需求的有限性，责任政府的公共服务职能实现方式发生了改变。公共服务的“生产”可以从政府职能中分离出来，交由社会组织和私人部门进行生产，政府与市场、社会构建了一种多元合作关系。在政府与社会关系构建方面，责任政府提倡培养社区、社会组织的自治能力，使其成为承接市场失灵与政府失灵的缓冲地带。在政府与市场的关系上，责任政府致力于为市场提供公平竞争的发展环境进而促进市场有序发展。责任政府通过与市场、社会等主体关系的构建，调整了政府管理公共事务的方式，公共服务供给呈现社会化和市场化的发展趋势。这不仅有利于科学界定政府公共责任的边界，也是政府保护公众权利的法治精神所在。

---

① 李军鹏：《责任政府与政府问责制》，人民出版社 2009 年版，第 9 页。

② 张成福：《责任政府论》，《中国人民大学学报》2002 年第 2 期。

③ 魏娜、吴爱明：《当代中国政府与行政》（第 3 版），中国人民大学出版社 2012 年版，第 6 页。

（三）责任政府理论的借鉴意义

责任政府的实现与政府责任的明晰是一种双向互动关系，[①] 因此责任政府理论对本研究具有一定的借鉴意义，具体表现在以下方面。

第一，有利于判定公众利益是政府在机构养老服务中的责任导向。责任政府理论强调政府存在的价值就在于对社会公众负责，毛雷尔明确提出“行政的出发点是公共利益”[②]。政府存在的基础是为公众服务，在机构养老服务中政府要以公众利益为导向，确保人民的主体地位。第二，有利于明确政府在机构养老服务中的基本责任价值是为了积极回应社会成员的机构养老需求。回应性是责任政府的基本价值，随着人口老龄化程度不断加深和家庭结构的小型化发展，社会成员的机构养老需求日益凸显，需要政府以科学有效的方式履行在机构养老服务中的责任，积极回应公民的养老需求。第三，有利于转变政府在机构养老服务中的职能实现方式。政府只有提供充足优质的公共服务，才能证明存在的价值与合法性。[③] 政府作为公共利益代理人，需要保障机构养老服务的福利性和公益性。但是，基于政府财政能力和服务能力的有限性，为满足公众多元化、多层次的机构养老服务需求，政府需要转变在机构养老服务中的供给责任的实现方式。责任政府理论倡导政府与市场、社会形成合作供给关系为本书提供借鉴，政府通过建立机构养老服务的责任共担模式，可以调动市场、社会组织对机构养老服务做出资源保障，最终实现机构养老服务高效、优质的供给。第四，有利于保障政府在机构养老服务中的责任履行。政府作为机构养老服务的责任主体，需要对机构养老服务中的责任履行成效负责。政府问责制作为责任政府的重要制度，是以结果为导向的责任实现机制，通过明

---

① 刘祖云：《“责任政府”及其实现途径》，《江苏社会科学》2005年第1期。

② ［德］哈特穆特·毛雷尔：《行政法学总论》，高家伟译，法律出版社2000年版，第6页。

③ 刘厚金：《我国政府转型中的公共服务》，中央编译出版社2008年版，第30页。

确责任使政府及其行政人员对其工作的绩效与结果承担相应的法律义务，确保政府行为对人民负责。将机构养老服务纳入政府问责制，社会成员可以要求政府对机构养老服务的决策和履责负责。政府在机构养老服务中的履责状况，如机构养老服务的覆盖人群、专项财政资金、服务质量监管等均可以通过问责制得到合理有效的评估。基于政府问责制，政府将更加关注机构养老服务的发展，通过有效整合财政资源和公共资源、推动机构养老服务相关政策有效执行等方式，提供更加优质的机构养老服务来回应社会成员的机构养老服务需求，否则政府及其工作人员就要因失职而承担相应的法律后果。总而言之，责任政府理论以责任本位，将其作为机构养老服务责任的重要理论依据，能使政府发挥积极且有效的作用，使政府成为“责任政府”。

二　公共产品理论

公共产品理论作为20世纪以来公共经济学的重要成果，为公共产品供给中政府责任定位及公共产品供给模式提供了重要理论依据。

（一）公共产品理论的形成

虽然关于公共产品供给的研究源远流长，但直至20世纪50年代公共产品理论才形成系统的理论。1954—1955年，萨缪尔森对公共产品的核心问题进行了阐述，研究具有开创性和代表性。萨缪尔森从现代经济学意义上首次提出公共产品的概念，他认为消费的非竞争性和非排他性是公共产品的两个显著特征。萨缪尔森还认为，市场的营利性、排他性等固有缺陷决定了了市场机制在公共产品供给中无法实现最优化，指出当产品是公共产品，因而是不可排他和不可分割时，就不能依靠分权的、自发的过程来实现开放的竞争市场所实现的优等水平。[①] 总体来看，萨缪尔森有关公共产品理论的论述标志着公共产品理论的正式形成。他从消费的角度区分了公共

① ［美］埃莉诺·奥斯特罗姆等：《公共服务的制度建构》，宋全喜、任睿译，上海三联书店2000年版，第2页。

产品与私人产品，提出公共产品具有非竞争性和非排他性，为学者深入研究公共物品的有效供给奠定了理论基础。

（二）公共产品理论的深化

在萨缪尔森之后，许多学者围绕公共产品的定义，对公共产品理论进行更加深入、细致的研究。布坎南观察到现实中存在大量介于公共产品和私人产品之间的产品，并在其经典文献《俱乐部的经济理论》中将其称作准公共产品。[①] 他的研究进一步拓宽了公共产品的内涵。此外，美国多中心治理理论的创始人埃莉诺·奥斯特罗姆以排他性和共同使用为标准，提出“物品分为私益物品、收费物品、公共池塘资源与公益物品四大类”。[②] 由于公共产品存在公共属性的差异，不同属性的公共产品为了达到资源配置的最佳状态需要寻找最有效率的供给主体与方式。哈丁（Garrett Hardin）对“公地悲剧”的考察和奥尔森（Mancur Olson）“集体行动的逻辑”均证明，当外部效应产生而难以排除不支付供给成本的人取得个人利益时，市场无法实现有效供给。

概言之，公共产品理论的研究内容主要围绕两方面展开：一是有关公共产品的界定，通过对公共产品内涵的理解和公共产品外部性问题的探讨，确定了市场在公共产品供给中的无效性以及政府供给公共产品的必然性；二是公共产品的供给机制问题，即讨论以何种方式才能保证公共产品供给的有效性。为保证公共产品供给的公平性、有效性和可持续性，提倡政府和私人部门在提供公共服务方面合理分工。这些研究内容不仅为明确公共产品的供给主体和供给方式，也为解决公共产品供给中的政府失灵、市场失灵以及外部性等问题提供了理论依据。

（三）公共产品理论的指导意义

公共产品理论是政府责任的逻辑起点，公共产品理论对机构养

---

① James. M. Buchanan, “An Economic Theory of Clubs”, *Economica*, Vol. 32, No. 12, 1965.

② ［美］埃莉诺·奥斯特罗姆：《公共事物的治理之道——集体行动制度的演进》，余逊达、陈旭东译，上海译文出版社2012年版。

老服务的指导意义主要体现为三点：一是运用公共产品理论可以确定机构养老服务的产品属性。依据公共产品的非竞争性和收益的非排他性两大特征，机构养老服务是一种混合公共产品，分为兼有非排他性和非竞争性的纯公共产品、不同时具有非排他性和非竞争性的准公共产品及具有排他性和竞争性的私人产品三类。二是得出政府机构养老服务中必须履行责任的结论。公共产品和市场机制之间的固有矛盾导致市场机制无法实现机构养老服务的有效配置，公共产品消费的非排他性也使得社会个体存在机构养老服务消费中的“搭便车”心理，政府必须行使在机构养老服务中的公共服务职能。政府不仅需要提供资源支持，还应强化监管规制职责，以维护机构养老服务公平和促进服务质量的提升。三是可以厘清政府在机构养老服务多元供给中的责任边界。面对机构养老服务的巨大需求，作为准公共产品的机构养老服务具有一定的非排他性，在保持其他老年人接受机构养老服务的同时，其边际成本不为零，政府无法成为机构养老服务的唯一提供者，必须增加有效的社会供给。在机构养老服务公共支出规模有限的约束下，政府主导、市场以及社会组织协作下的多元供给模式可以为社会成员提供充足和优质的服务。根据机构养老服务的公共产品差异，为“三无”“五保”等城乡特困老年群体提供纯公共产品，属于政府的基本责任和义务，需政府完全负责供给以维护“底线公平”。大部分社会老人所需要的机构养老服务属于准公共产品，不满足严格的非排他性和非竞争性。服务对象可承担部分费用，社会组织负责机构养老服务生产和递送，政府应该给予财政支持。对于较高收费具有明显排他性的私人机构养老服务，政府不承担主要责任，通过市场机制实现资源的有效配置。基于公共产品理论，政府才能对机构养老服务合理定位，更加有效地承担起供给责任。综上所述，公共产品理论判定了机构养老服务的公共产品性质，证明了政府在机构养老服务中的必要性和必然性，明确了政府在机构养老服务中的责任边界以及如何更好地提供公共产品。所以说，公共产品理论是本书的重要理论基础。

三 福利多元主义理论

福利多元主义也叫混合福利经济，是最近几年研究中国福利改革的重要视角之一。它将政府的角色置于多元化责任架构当中，对理解政府在福利社会化改革中的责任模式具有重要的启示意义。

（一）福利多元主义的理论发展

福利多元主义这一概念最早出现在 1978 年沃尔芬顿报告——《志愿组织的未来》，1986 年罗斯（Rose）详细阐述了福利多元理论。他认为社会中的福利来源于家庭、市场和国家三个部门。市场、国家和家庭作为单独的福利提供者都存在一定缺陷，应采取混合福利模式，其中 TWS 代表社会总福利，TWS = 国家（S）+市场（M）+家庭（H），三个主体共同承担的福利供给责任，形成社会的福利整体。[①] 伊瓦思（Evers）进一步发展了罗斯的多元福利组合理论，他把福利三角的研究分析框架放在文化、经济、社会和政治的背景中，将福利三角中的市场、国家和家庭三方具体化为对应的组织、价值和社会成员关系。福利三角展示了三方的互动关系。市场经济提供着就业福利，个人努力、家庭保障和小区的互助是非正规福利的核心，国家则通过正规的社会福利制度将社会资源进行再分配。[②] 福利多元主义除“三分法”以外，约翰逊（Johnson）在国家、市场和家庭的基础上进行细化，加入了志愿组织作为福利提供方的“四分法”。[③] 无论三分法或是四分法，其共同点都强调政府不再是社会福利的唯一供给主体，家庭、社会组织、市场等主体的多元供给，可以有效满足公民的社会福利需求。

---

① Ridell Rose, *Common Goals But Different Roles: The State′s Contribution to the Welfare Mix*, Oxford: Oxford University Press, 1986.

② Evers. A., Svetlik. I., *Balancing Pluralism: New Welfare Mixes in Care for the Elderly*, Aldershot: Avebury, 1993.

③ Norman Johnson, *Welfare State in Transition: The Theory and Practice of Welfare Pluralism*, Amherst: University Massahusetts Press, 1987.

（二）福利多元主义的核心理念

虽然福利多元主义的表述形式多样，但强调社会福利分担与参与的核心理念得到了广泛认同。首先，福利多元主义理论期待构建多元化的福利供给体系，社会福利责任由政府单独承担向政府、私人部门、社会组织共同分担转变。认为由于不同责任主体的福利角色具有类型和程度上的差别，政府、市场、社会组织及家庭等非正式组织可以承担各不相同的福利责任。福利多元责任共担模式可以弥补市场失灵、志愿失灵以及政府失灵，充分发挥了政府、市场和社会“三只手”的作用。其次，福利多元主义还期待构建多层次的福利供给体系，注重福利责任在中央、地方不同层级政府的再分配，表现在实践中的趋势是地方分权化，即权威从中央政府向地方主体的下放。[①] 约翰逊（Johnson）认为，地方分权化包括服务传递、政策制定和资源分配的分权化，它不仅指中央政府的权力向地方政府的转移，也意味着地方政府的权力向社区转移。[②] 吉尔伯特（Gilbert）指出，福利多元主义推行的前提之一是地方政府比中央政府更好地服务于公民需求，因为它们避免了中央政府的官僚形式。[③] 总体来看，福利多元主义的两个核心概念是参与和分散化，参与是指由市场、志愿部门、家庭等几大主体共同参与提供服务。分散化是指改变了以往由中央政府提供福利和服务的做法，改由地方政府来提供服务。[④] 作为政策的分析范式，福利多元主义所提出的福利来源多元化、地方分权等思想，对政府协调平衡与社会组织、市场等福利提供者的责任边界以及中央政府与地方政府间的责任边界都具有重要的启示和借鉴意义。

---

① 胡薇：《国家回归：社会福利责任结构的再平衡》，知识产权出版社 2011 年版，第 18 页。

② Norman Johnson, *Welfare Pluralism: Opprtunities and Risks: New Welfare in Care for the Elderly*, Aldershot: Avebury, 1993.

③ Gilbert N., *Welfare Pluralism and Social Policy. In J. Mideley and M. B. Tracy. The Handbook of Social Policy*, Thousand Oaks: Sage Publications, 2000.

④ 林闽钢：《福利多元主义及其政策实践》，《社会》2002 年第 7 期。

（三）福利多元主义的重要启示

在机构养老服务领域，依据福利多元主义理论，首先，在水平层面上，机构养老服务对象的福利来源于家庭、市场、社会及政府。服务对象的家庭作为体现团结和共有的非正式组织，主要提供精神慰藉和费用负担，不应承担太多的责任；在市场主体方面，主要是提供差异化的有偿服务，大部分服务对象缺乏足够的支付能力，市场责任有限；而社会组织的弱势性、非制度性也令其服务的供给不具有主导性地位；机构养老服务属于公共服务，具有一定的福利性和公益性，政府应当承担起机构养老服务福利来源的主要部分，是机构养老服务的主导者，直接决定机构养老服务政策、行政支持资源、服务发展方向等重要内容，并对社会组织、市场的运行产生重要的影响，在机构养老服务的多元供给中发挥着基础性的作用。市场和社会组织作为机构养老服务的生产者和递送者，主要是配合政府，弥补政府力量的不足。多元福利理论在责任多元化、资源禀赋多元化、主体多元化的情境下，强调了政府与市场、社会组织合作、互补的关系，有助于构建以政府为主导的、多元供给主体之间职责分明、动态平衡的责任结构，为机构养老服务的发展构造更稳固的供给基础。其次，多元主义还强调权力分散化，在福利多元主义理论的垂直层面上，中央政府和地方政府都是供给机制中不可或缺的重要责任主体。中央政府和地方政府部门机构中的工作内容、资源、制度等都不相同，这使得中央政府和地方政府的运作关系、资源分配方式影响到机构养老服务的有效供给，需要探究政府间的组织结构与实际运行状态，从而优化机构养老服务机制的整体结构。对政府责任进行研究，需要以整体性、综合性的维度审视中央政府和地方政府的责任理念、目标、方式、权限以及职责，以形成中央政府和地方政府相互补充、相互支持的权力结构。

整体而言，采用福利多元视角可以从水平层面和垂直层面分析机构养老服务的责任分担，有助于合理划分政府与市场、社会的责任边界，明确政府应承担的机构养老服务中的责任内容以及政府间责任的有效履行，为深入分析政府在机构养老服务中的责任提供理论依据。因此，本书将以福利多元主义理论为基础，分别对从水平层面和垂直层面对政府在机构养老服务领域的责任履行展开分析。

第三节　分析框架

在厘清机构养老服务、政府责任核心概念的基础上，本书以责任政府理论、公共产品理论和福利多元主义理论作为理论基础，试图回应在机构养老服务中应遵循怎样的逻辑结构来建构政府责任的分析框架，详尽阐述分析框架的具体研究内容和分析思路。

一　研究思路

从前文理论分析来看，机构养老服务属于一种公共产品，为社会成员提供公共产品和公共服务是政府的责任所在。依据公共产品理论，机构养老服务作为一种混合性公共产品，分为纯公共产品、准公共产品和私人产品。基于机构养老服务的公共层次性差异，政府的责任限度有所不同。这同时表明，政府虽然是机构养老服务的重要责任主体，但不是唯一的提供者，政府在机构养老服务供给中责任的实现具有多种方式。为回应社会成员多元化、多层次的机构养老服务需求，政府在机构养老服务供给中应该承担哪些责任，如何对这些责任进行划分？明确政府在机构养老服务中的责任构成要素，政府才能更加有效地承担机构养老服务的供给责任。

二　政府责任构成要素

目前，国内学者关于政府责任构成要素未能达成完全一致的观点。陈静认为，养老服务供给中，政府“主导者”的角色与责任需要通过特定途径与作用方式予以展现。一般而言，政府责任包括直接责任与间接责任两个层面。前者包括制度设计与直接服务两方面

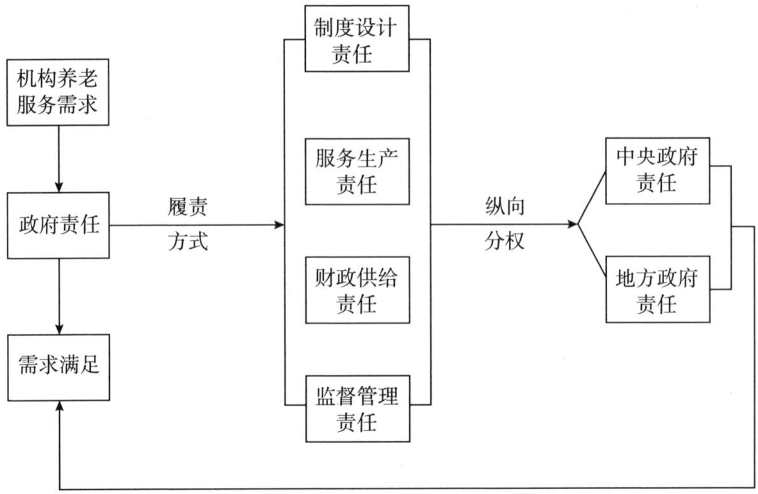

图 2-1　机构养老服务中政府责任构建的逻辑分析

内容。后者则包括政策支持、资金支持和管理监督。[①] 朱冬梅、曹延雯从委托代理的视角，认为养老服务的政府责任不仅包括举办公办养老机构直接提供养老服务的责任，还包括组织责任、制度设计与规范责任、财政责任和监督责任。[②] 朱浩认为，政府责任具体表现在对“三无”“五保”老人集中供养、财政投入、监督评估等方面。[③] 贾智国从多中心视角出发，提出政府作为养老服务的直接提供者，应承担基本养老服务的供给责任；作为养老服务的协调者，应加强顶层设计，作为养老服务的监管评估者，应做好准入监管、价格监管和准入评估工作。[④] 还有学者指出，政府在养老服务供给中负有在民办和公办养老机构之间、城乡之间、不同地区间履行公

① 陈静：《福利多元主义视域下的城市养老服务供给模式研究》，山东人民出版社 2016 年版，第 172—178 页。

② 朱冬梅、曹延雯：《我国养老服务供给中的政府责任研究——基于委托代理视角》，《汕头大学学报》（人文社会科学版）2019 年第 3 期。

③ 朱浩：《社会化养老服务体系中的政府角色定位——以杭州市为例》，《中共宁波市委党校学报》2015 年第 2 期。

④ 贾智国：《我国养老服务供给中政府角色的再定位——基于多中心治理视阈》，《南方论刊》2018 年第 3 期。

平公正的执政责任和监督责任。[①]

通过梳理国内已有研究成果，发现目前学术界对机构养老服务供给的政府责任内容并没有明确的划分。因此，本书立足我国机构养老服务发展与政府责任履责现状，机构养老服务的政府责任构成要素界定为制度设计责任、服务生产责任、财政供给责任、监督管理责任四个要素。

三　政府责任构成要素的内容分析

（一）制度设计责任要素

在政府的机构养老责任体系中，制度建设责任是起点。政府作为“上层建筑”的设计者，在制度设计过程中应充分发挥政府的主导作用，通过有效的制度改革和政策调整，引导机构养老服务的发展方向，为社会组织、市场等主体参与机构养老服务供给创造良好的运行环境。具体包括：第一，确定机构养老服务的福利模式，它决定着机构养老服务的责任归属和发展方向。即哪些机构养老服务应该由政府负责，哪些可以由市场或社会组织负责，如何递送、怎样付费等关涉机构养老服务的核心问题。第二，研究制定机构养老服务发展的战略规划和政策体系，国家战略规划和政策体系要对机构养老服务资源的总体布局、服务群体、服务内容、发展方向进行明确。地方政府和相关部门在国家战略规划的指导下，研究制定本地区的发展规划，形成行政体系从上至下的政策网络。

制度设计是否科学直接关系制度实施质量、效果及目标的实现。因而，政府在机构养老服务制度设计时考虑的因素有：一是制度设计的明确性。机构养老服务的制度设计须具体、明确和到位，不能只作笼统规定而不作详细说明，从而使制度执行者因曲解或误解而造成执行不当或背离制度精神。二是制度设计的合理性。政府在制度设计过程中要兼顾各方利益，符合社会成员的机构养老服务需求

① 张仲兵、武晓平：《养老服务行业的公平缺失与政府职能偏差分析》，《云南行政学院学报》2014 年第 5 期。

与意愿，此外制度设计的内容要具有针对性和可行性，在其适用范围内能够保持不同政策的统筹协调。三是制度设计的稳定性，要想机构养老服务长期稳定发展，制度设计不能频繁变动，否则将影响社会力量对机构养老服务的参与。

（二）服务生产责任要素

根据机构养老服务的公共产品特征，可将机构养老服务分为纯公共产品、准公共产品和私人产品。纯公共产品具有完全的非竞争性和非排他性，基于政府的公共服务责任和社会成员的养老保障权利，政府是此类机构养老服务的承担主体，通过举办事业单位性质的公办养老机构提供直接供养服务。从政府提供公共服务的职能定位出发，公办养老机构主要提供纯公共产品和部分准公共产品性质的机构养老服务，其目的是保障缺乏家庭支持和经济来源保障的老龄人口的生存需求和安全需求，维护社会的底线公平。虽然新公共管理、新公共服务等理论提倡政府服务生产责任的转移，但当前我国市场机制还不完善，社会组织发育不足，在一定的空间和时间范围内，政府承担机构养老服务的服务生产责任还有存在的必要性，可以防止单方面规避或让渡政府责任的倾向。

（三）财政供给责任要素

筹资是机构养老服务供给过程的起点和首要环节，从中外政府介入机构养老服务的普遍规律来看，世界各国均不同程度为机构养老服务提供财政支持，可以说，财政供给是政府在机构养老服务中的核心责任。政府对机构养老服务的财政供给主要分为以下两类：一是直接财政拨款，即公共财政直接列支的各项财政补贴促进机构养老服务发展。具体包括城乡集中供养特困老人的供养资金、公办养老机构的建设和运营费用、民办养老机构的建设补贴、公建/公办民营和民办养老机构的运营补贴以及养老服务从业人员的培训费用，这些都直接来源于政府的资金支持，是政府财政供给责任的重要体现。二是间接财政给付，是政府通过行政渠道对非营利组织、企业组织提供的指向性的优惠政策，包括对民办养老机构的税收优惠、水电优惠、土地划拨、金融支持政策等，其目的是在政府直接补贴有限的情况下，提升社会组织和市场主体参与机构养老服务供给的积极性，实现机构养老服务供给数量和质量的增加。

（四）监督管理责任要素

监督管理责任是政府承担机构养老服务责任中的关键责任，目的是保证机构养老服务制度合理、高效运行并确保其目标的实现。从国外经验来看，多数国家的政府在机构养老服务的监督管理中都是主导者。监督管理责任具体细化为：一是管理模式的选择。政府在机构养老服务中的监督管理体系具体可分为集中管理和分散管理两种，我国对机构养老服务的管理属于分散管理，民政部门作为业务主管部门，联合老龄委、卫健委、消防等多个部门共同构成机构养老服务的组织管理体系。二是制定和完善机构养老服务方面的标准规范，确保机构养老服务有法可依、有章可循，推动机构养老服务规范性与有序性。四是监督管理责任内容。主要包括机构养老服务的准入标准、服务监管和资金监管三方面。准入标准具体包括设置市场、非营利社会组织参与机构养老服务供给的注册、建设和经营规则。服务监管需要政府通过运用一定的机构养老服务行业标准，对承接机构养老服务项目的各类养老机构进行硬件、软件方面的资质评估；对养老机构所提供的服务质量进行服务过程和服务结果的评估。资金监督主要是政府部门对养老机构的财政支出、补贴的资格审查，及时发现资金管理中的各种违规现象，防止公共财产流失。

综上所述，从政府责任的逻辑结构来看，政府的制度设计责任、服务生产责任、财政供给责任以及监督管理责任之间既相互联系，又相互区别，了解这些联系与区别对于机构养老服务中的政府责任具有重要的实践意义。首先，制度设计要素具有规范功能，作为政府责任构成要素的根本所在，通过明确制度建设理念，构建科学、合理的制度安排，使得责任要素运行做到有章可循，有序履行。其次，服务生产要素是政府责任构成要素的基础所在，具有支持功

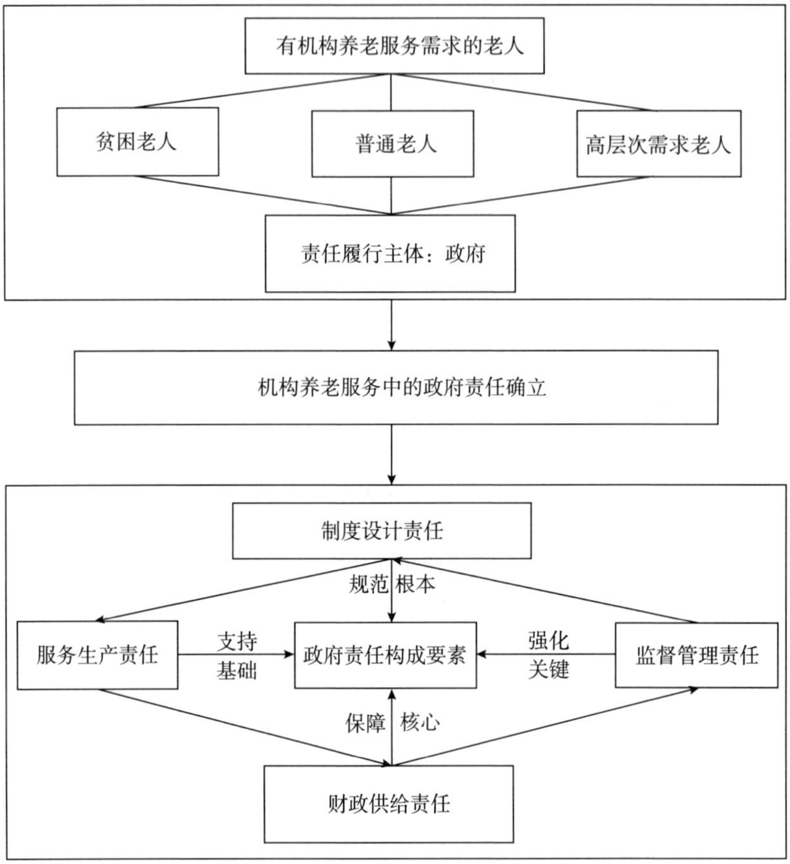

图 2-2　机构养老服务中政府责任的分析框架

能，可以有效支持最弱势的老年群体获得基本养老服务权利，从而保证我国基本公共服务的均等化与公平性。再次，财政供给要素具有保障功能，是政府责任构成要素的核心组成和政府责任的最直接体现，为政府责任的推行提供有力的推动。最后，监督管理责任具有强化功能，它是政府责任构成的关键，不仅需要明确政府相关部门的职责履行其在机构养老服务中的实施职责，还需要通过监督管理及时纠正其他责任要素偏离目标运行的状况，为政府责任的有效履行提供必要的保障。四个要素间相互联系、相互作用，形成稳定功能，共同构建公平、有效的机构养老服务政府管理与服务的履责模式，有助于充分发挥政府责任的效能，以实现机构养老服务体系整体的动态平衡（见图 2-2）。

第三章　我国政府在机构养老服务发展进程中的责任演化

机构养老服务的变迁有着特有的历史脉络，呈现不同的发展特点。本章将对新中国成立后机构养老服务的发展历程进行回顾，对影响其变迁的最重要因素——政府的责任演化作出总结，并在此基础上对政府责任演化的动力予以解释说明。本章的主要目的是以史为鉴，总结规律，反思现状。

第一节　机构养老服务的发展进程及政府责任演化

一　机构养老服务起步发展阶段中的政府责任（1949—1978年）

新中国成立以后，面对百废待兴、全面建设的新境况，开始了新制度的建立和新政策的开启阶段。因此，本书将1949年作为机构养老服务发展的起点。这一阶段对老年人养老权益的法规政策很少，并且多是以社会救助的方式从经济上帮扶贫困老人，围绕展开的机构养老政策主要是解决城市“三无”人员和农村“五保”老人的基本生活，政府在机构养老服务中主要承担“兜底保障”的责任。

新中国成立以后建立了比较完备的城镇职工保障制度，对于丧失劳动能力和生活没有依靠的老、弱、孤、寡、残疾等社会成员，则是通过创建和设立救济性福利事业单位，在生产和生活给予一定的安排和照顾。1951 年新中国成立初期，内务部发布了《关于城市救济福利工作报告》，涉及对旧有福利机构改造以及保障无依无靠的城镇孤寡老人、孤儿等社会弱势群体。救济性事业单位的建立，解决了当时社会上一批城镇流离失所困难人群的收容安置问题。当时不仅要对他们实施救济，还要进行一定的教育和劳动改造，因此这类机构被称为生产教养院。1956 年，内务部在《关于改善城市残老儿童教养院工作的通知》中，决定为老年人单设残老院，将其性质界定为社会福利机构。此后，国家又专设了一批残老福利院，1959 年后，残老院更名为养老院或社会福利院。在民政部门主管下，城市养老院收养老年人数量逐年增加。虽然“文化大革命”期间，城市社会福利机构的发展遭受了严重的挫折。但改革开放以后，国家对养老福利事业日益重视，以养老为主的社会福利机构开始得到普遍确立。

不同于国家对城市孤寡困难老人的制度化安排，新中国成立后农村鳏寡孤独老年人的生活照料主要是当地政府通过建敬老院的方式实现老人集中养老。1956 年《高级农业生产合作社示范章程》规定“农业生产合作社对于缺乏劳动力或者完全丧失劳动力，生活没有依靠的老、弱、孤、寡、残疾的社员，在生产上和生活上给以适当的安排和照顾，保障他们的吃、穿和柴火的供应，保证年幼的受到教育和年老的死后安葬，使他们生养死葬都有依靠”。这一章程的颁布标志着我国“五保”制度的建立，农村“五保”老人的基本生活依托农村合作社得到了保障。但由于三年困难时期和“文化大革命”影响，农村敬老院发展受到了一定阻碍。新中国成立初期至改革开放以前农村敬老院的发展多停留在对“五保”对象的生产救济上，没有涉及更深一步的福利性内容。

综上所述，改革前我国的机构养老服务具有典型的补缺型福利特征，政府的主要任务是解决农村鳏寡孤独和城市流离失所老人的基本生活，覆盖面偏窄，目标仅是满足“五保”老人、“三无”老人的基本生活服务需要，救济水平整体较低。对于普通老年人的养老，则在政府责任范围之外，广大城乡居民和生活不能自理老人的养老问题、照护服务则基本没有提到议事日程。虽然这一阶段机构养老服务需求与社会养老资源供给的矛盾尚未凸显，家庭养老模式几乎完全解决了中国的养老服务问题，但机构养老服务的发展仍可以折射出政府责任有待加强，对机构养老服务的认识不够明确，仅制定了较为宏观的政策，缺乏相关法律法规的具体规定进行配套支持。财政资金投入较少，显示出明显的救济特征。政府作为最后的出场者表现出消极被动，在机构养老服务中承担了几乎所有责任。

二 机构养老服务“社会化”改革萌芽阶段中的政府责任（1979—1998年）

改革开放以来，机构养老服务进入变革发展阶段。市场经济“效率优、兼顾公平”的原则也体现在机构养老服务的改革发展中，机构养老服务领域进行了社会化改革。

1984年，民政部面对城乡日益增长的社会福利需求，提出“社会福利社会办”的发展思路，指出社会福利的发展不仅要依赖政府，还要依托社会，要通过多种渠道、举办形式多样、多种层次的社会福利事业。1986年，民政部制定第二个五年计划（1986—1990年），明确指明了社会福利事业改革发展要由国家单一负担转变为国家、集体、个人三方共同负担，实现从“救济型”福利事业到“福利型”福利事业转变。20世纪80年代中后期，在社会福利社会化进程的推动下，机构养老发展进入提速期。1988年，民政部选定13个城市进行试点，各种形式的城市养老机构开始不断增多。机构养老服务对象范围逐步扩大，城乡养老院、敬老院不仅仅将“三无”老人、“五保”老人作为收养对象，有机构养老服务需求的社会老人依据自愿原则也可以自费入住养老机构。城乡养老院、敬老院的入住率大幅提升。1996年，国家颁布了《中华人民共和国老年人权益保障法》，养老服务政策的制定和贯彻有了明确的法律支持。这一时期，民政部等部门相继出台了《国家级福利院评定标准》《农村五保供养工作条例》《农村敬老院管理暂行办法》等有关养老福利机构的政策文件，不仅对养老机构的性质、资金来源、责任主体、管理主体、政策扶持等软硬件方面明确规定，还丰富了机构养老服务的服务内容。服务内容不再局限于单一的生活照料，医疗、康复护理、精神慰藉等逐步推进发展。这些法律法规的出台，还推动了养老机构的规范化发展。在社会福利社会化改革的推动下，社会组织、企业、个人等投资主体开始进入机构养老服务领域，投资发展民办养老机构，出现公办养老机构与民办养老机构并存的局面。

这一阶段政府开始意识到即将面临的老龄化所带来的问题，力图把养老问题从家庭逐步转向社会，实现了机构养老服务收养对象扩大化的重大突破，机构养老服务的供给主体也呈现多元化发展趋势。但政府尚未明确与市场以及社会对机构养老服务的责任划分，市场参与社会化养老服务的实践推进进程缓慢，社会力量进入机构养老服务领域仍不是主流，缺乏应对老龄化社会的明确规划和必要准备。“扩大社会化服务的范围”“坚持家庭养老与社会养老相结合的原则”等理念及政策措施，反映出机构养老服务服务对象、责任主体、筹资路径、发展方向的变化。但“社会福利社会办”发展思路基本停留在政策倡议、宣传等宏观指导层面，缺乏明确养老服务社会化的具体措施、法规政策，并没有形成机构养老服务社会有效供给的局面。在效率而非公平为首要发展目的的改革思路下，财政对机构养老服务的支持力度不足。如 1995 年民政事业费支出按 1990 年不变价计算，只相当于 1990 年民政事业费支出的 87%，预算内基本建设投资相当于 85%。政府财政供给责任的缩减导致其忽视了机构养老服务的准公共物品性质，公共财政对老年福利支持有限，甚至减少了部分养老福利性服务的供给，使得机构养老服务的发展速度滞后于经济发展。

三　机构养老服务“社会化”改革推进阶段中的政府责任（1999—2012 年）

在社会福利社会办思潮引领下，我国对机构养老服务领域的社会化进行了一定探索，但由于相关政策的不明确，这一进程并没有取得太大发展，直至2000年才开始实现突破性进展。在这一阶段，政府责任逐步回归，不仅开始凸显自身责任，还提倡减少政府干预和引入市场机制，家庭、市场与社会的责任越来越被强调。

政府制定一系列的政策实施，对城乡特困老人的集中供养从制度上进行了保障。1999年，国务院颁布《城市居民最低生活保障条例》，对“三无”人员按当地城市居民最低生活保障标准全额救助。城市“三无”老人的供养经费标准更加明确，正式走上法制化轨道。2006年新修订的《农村五保供养条例》规定，农村“五保”供养资金纳入地方政府财政预算，不再从村提留或乡统筹费中支出，这标志着农村“五保”供养由“集体福利事业”转变为财政转移的公共福利。机构养老服务对城乡特困老人的供养因法律政策及财政的支持得以进一步稳定。

这一阶段，除“三无”老人和“五保”老人等困难老人依旧以国家兜底的形式接受具有救济性质的国家免费供养外，机构养老服务的对象也发生了变化，开始全面以收费形式对社会有机构养老服务需求的老人提供有偿供养。国家根据普通老人的不同情况，对其实行有偿、减免等多种服务，不仅扩大了服务对象范围，还相应强化了社会养老服务的个人责任。2000年，机构养老服务社会化的改革路径开始进入快速发展新阶段。2000年和2005年，政府先后出台了《关于加快实现社会福利社会化的意见》和《关于支持社会力量兴办社会福利机构的意见》，明确了我国社会福利事业社会化的总体思路和目标任务，鼓励社会力量投资兴办社会福利机构并给予规划、税费减免等政策扶持和优惠。这一阶段，《关于加快发展养老服务业意见的通知》《关于鼓励和引导民间资本进入养老服务领域的实施意见》《关于对老年服务机构有关税收政策问题的通知》等诸多优惠扶持文件的出台，激发了社会力量进入机构养老服务领域的积极性，促进了民办养老机构数量和床位数较高水平的持续增长，养老机构的社会化发展进入快速发展阶段。

总体来看，这一时期，在发展经济的同时，政府对社会公平与社会公正的重视程度不断提高，政府在机构养老服务中的责任开始回归，过度市场化倾向受到抑制，政府主导的社会化机构养老服务体系逐步构建。在机构养老服务社会化推进过程中，社会力量逐渐成为机构养老服务的参与主体，我国养老服务责任主体开始从“国家（单位）—家庭”变化为“国家—家庭—社会—市场”共同负担。[①] 国家引导鼓励社会力量加入投资主体和服务队伍，多元主体共同分担不仅有效减轻了政府的财政负担。服务方式亦更加多元化和专业化。面对普通老人日益高涨的养老服务需求，政府加大对养老服务的政策和资金支持，机构养老服务的性质、功能和主体都发生了较大变化。机构养老服务逐步摆脱掉此前纯救济性的界定，不仅向“三无”“五保”等困难老人提供纯公共产品性质的机构养老服务，还逐步覆盖到社会有需要的普通老人，实现了机构养老服务由救济性向福利性的转变。以上变化表明，政府主导的机构养老服务社会化变革，是与我国进入老龄化社会后养老服务发展的现实需求相适应的。这一阶段，政府责任虽然在逐步加强、调整，但尚未完全到位。政府单方面把机构养老服务责任向家庭和社会转移，出现了普惠性不足、养老机构管理混乱、服务质量低下、公办与民办养老机构不公平竞争、不同地区养老机构发展不均衡等问题。由于发展步伐过快，许多政策及规定相对滞后，政府对上述问题缺乏针对性的措施解决。

四　机构养老服务“社会化”改革完善阶段中的政府责任（2013 年至今）

2013 年以来，政府在“保基本、兜底线”的基础上，从加强顶层设计、完善政策规划、强化政策执行和出台配套措施等多个方面来推进机构养老服务的社会化改革。政府实现了从支配者向主导者

---

① 施巍巍、罗新录：《我国养老服务政策的演变与国家角色的定位——福利多元主义视角》，《理论探讨》2014 年第 2 期。

的转变，不仅积极干预机构养老服务的建设发展，全面凸显和强化自身责任，还通过不断调整与家庭、市场以及社会之间的责任关系，力图构建动态平衡的责任结构，我国的养老服务进入了全面发展的新时期。

政府从维护社会公平的角度出发，不仅努力缩小集中供养特困老人的城乡差距，还着力提升集中供养层次，以更好地承担政府在机构养老服务中的兜底保障。为缩小集中供养特困老人的城乡差距，2014 年国务院公布施行了《社会救助暂行办法》，原有的城市“三无”人员保障制度和农村“五保”保障制度统一为特困人员供养制度。为提升集中供养层次，2016 年国务院出台《进一步健全特困人员救助供养制度的意见》，将特困人员救助供养标准划分为基本生活标准和照料护理标准两个部分。生活标准用于保障特困老人的基本生活，而照料护理标准的实施则是充分考虑到老年人的身体状况，分为全自理、半护理、全护理三个档次，有效满足失能半失能特困老人的长期照护需求。这一系列措施的实施标志着我国城乡特困老人集中供养工作进入新的发展阶段。此外，政府还出台一系列政策措施，明确公办养老机构的服务对象和基本职能。2013 年，民政部出台《关于开展公办养老机构改革试点工作的通知》，要求政府在机构养老服务发展中必须明确公办养老机构职能定位，履行保基本、兜底线的基本职能。2019 年国务院制定《国家积极应对人口老龄化中长期规划》，进一步明确公办养老机构“兜底线、保基本”的职能定位，加快推进公办养老机构入住综合评估和轮候制度，公办养老机构优先向计划生育特殊家庭、做出特殊贡献的老年人以及经济困难的孤寡、失能、残疾、高龄老年人提供服务。

这一阶段，政府还积极发展社会力量，通过资金支持、购买服务、规范监管等方式，鼓励和引导社会力量开展专业化、多元化照顾服务。国家密集出台了促进机构养老服务发展的政策文件，尤其是对社会资本参与社会养老服务出台了相关鼓励政策，如《关于加快发展养老服务业的若干意见》《关于创新重点领域投融资机制鼓励社会投资的指导意见》《关于鼓励民间资本参与养老服务业发展的实施意见》《关于全面放开养老服务市场提升养老服务质量的若干意见》等。上述文件在资金来源、财政支持、税收优惠、社会捐赠等方面都做出了具体规定，对社会力量举办养老机构的政策支持越来越系统化、专门化。在此背景下，民间资本进入养老服务领域的步伐不断加快，积极性也空前高涨，社会力量开始逐渐成为机构养老服务的供给主体。有效提升了机构养老服务的可及性、可得性和服务服务质量。

此外，政府开始调整机构养老服务的“市场化”趋势，积极处理公平与发展之间的关系。针对公办与民办养老机构不公平竞争的问题，政府开始尝试改革公办养老机构包办包管的管理体制，公办养老机构供给方式发生了巨大变化，机构养老服务的提供者和生产者逐步分离。为了推进公办养老机构的转制进程，民政部2013年专门出台《关于开展公办养老机构改革试点工作的通知》，推行提供经营性服务的公办养老机构改制。2015年，政府发布《关于鼓励民间资本参与养老服务业发展的实施意见》，随后公私合营制成为公办养老机构改革的重点在全国范围内铺开，以公办民营或公建民营的方式引入市场机制，公办养老机构改革进入全面实施阶段。2019年，国务院出台《关于推进养老服务发展的意见》，强调公建民营养老机构在机构养老服务供给中承担兜底保障的作用，公建民营相关的管理办法、评审标准和监管规章的制定和具体化也被提上日程，公建民营养老机构的地位和意义被提升到一个新的高度。

总体来说，这一时期，政府更加注重平等与公平，在承担机构养老的“社会化生产”过程中，始终处于核心地位，通过完善机构养老服务政策向普惠性福利模式迈进。作为公共资源的提供者、社会政策的制定者、行业发展监督者，政府在机构养老服务中的履责方式日益专业性、工具化和理性化。不再单纯强调政府责任的宏观转变，而是通过购买服务、公建民营等方式关注政府与社会、市场的合作，主张通过政府主导、社会广泛参与的途径弥补市场失灵所带来的机构养老服务发展不平衡问题。政府对政府、家庭、市场、社会主体职责的界定更为清晰，民间资本的供给主体地位越来越明确，且发展受到政府强力支持。在国家出台的一系列促进机构养老服务发展的政策引导和鼓励下，机构养老服务的市场化发展速度不断加快，养老服务的资金来源更加广泛，服务主体更加多元，服务对象需求也越来越多元化，机构养老服务逐渐突破此前救济性的界定，开始由养老福利事业向养老服务产业转变，机构养老服务体系逐步成熟、体系化，与人口老龄化和养老服务需求的多样化相契合。我们必须承认政府在此阶段积极承担机构养老服务责任所取得的若干成功之处，但也无法忽视发展中存在的若干问题。目前政府对机构养老服务的责任定位，还存在提供主体责任错位和界限不清的现象。政府所出台的有些机构养老服务政策具有模糊性，甚至与其他政策之间存在矛盾，缺乏各种明确的规定和细化的操作方案。各项政策着重于对机构养老服务的资金来源、供给主体以及养老机构的数量等显性易操作化要素进行规划，却缺乏对服务质量、公平性等关系老年人满意度等方面的政策探索。优惠政策的实施与落实效果不佳，比如养老机构的专项补贴，地区间政策扶持差距明显且没有明确经费来源和补贴比例，监管制度只得到了部分落实且缺乏行政手段的强力支撑。这些问题不仅会抑制了部分老年群体对机构养老服务的需求，也会降低机构养老服务的效率。总体而言，政府在机构养老服务中的责任仍待加强。

第二节　政府责任演化的内在动力

新中国成立后，我国的机构养老服务发展经历了由政府包办到全面社会化的发展过程。其间，政府由依靠行政手段对机构养老服务进行“直管直办”的建设者，转变为利用市场机制等柔性手段，主抓政策制定和监督管理的管理者和运营者。随着时代的变迁，政府在机构养老服务中所承担的责任相应发生了转变。新中国成立后至改革开放之前，政府仅对游离于单位保障和家庭保障的城市“三无”老人、农村“五保”老人提供集中供养，主要以社会救济的方式予以保障，是计划经济时期国家“父爱主义”在机构养老服务领域的体现。在20世纪80年代，政府认识到自身责任的有限性，开始寻求个人/家庭、社会及市场共同分担机构养老服务的责任，社会组织、市场主体的出现实际也是政府寻求责任变革的具体表现。相对于计划经济时代，这一时期政府的责任出现了适度的收缩。进入21世纪特别是社会建设时期之后，政府在机构养老服务领域中的责任开始重新回归，通过财政支持、政策扶持等方式积极介入机构养老服务发展，与个人/家庭、社会、市场等责任主体良性互动，共同承担机构养老服务的责任。从新中国成立后机构养老服务的发展历程可见，政府在机构养老服务中责任的演化受诸多因素影响，与社会成员的机构养老服务需求增长、政府执政理念的转变、西方福利国家改革、国家经济实力的增强有着直接联系。

一　机构养老服务需求不断上涨的压力

社会转型期，老龄化的加剧、家庭功能弱化以及现代化进程推进所带来的生活方式的转变，使得社会化成员的机构养老服务需求不断增加，社会需求的增加成为政府责任转变的根本动力。作为世界上老龄人口最多的国家，自21世纪进入老龄社会以来，我国人口老龄化呈现发展迅速、规模巨大的鲜明特征。伴随人口老龄化而来的是高龄人口、失能人口的相对比重持续、上升，人口规模不断扩大。老年人对于机构养老服务的专业化照护需求进一步增加。与此同时，计划生育政策的负面效应开始显现，家庭小型化、空巢化带来家庭养老功能持续弱化，家庭的养老照护责任不得不向社会转移，交由专业的社会养老服务机构负责。此外，在现代化进程的推动下，城市化水平不断提高，人口流动速度加快，降低了子女提供养老服务的客观能力。而在现代文明的熏陶下，个人独立性更强，家庭关系更加平等，传统孝文化对子女的约束不断淡化，传统的家庭养老模式难以为继。在人口老龄化、家庭养老功能不断弱化的背景下，机构养老服务需求不断增长，成为老年人的重要养老方式。与此同时，“未富先老”的国情决定了政府在提供机构养老服务中还存在着财政、人力支持等方面的困难。由政府承担无限责任，完全负责机构养老服务资源配置在现实实践中并不可行。而过分强调市场化，转由个人/家庭、市场及社会承担机构养老服务的责任，也与机构养老服务的福利属性相背离。因此，面对持续增长的机构养老服务需求和“未富先老”的国情，迫切需要政府增加机构养老服务供给总量，改革完善机构养老服务供给机制，实现政府、个人以及社会之间的良性互动和责任平衡。

二　政府执政理念转变提出了迫切要求

政府是提供机构养老服务的责任主体，为社会成员提供满意的机构养老服务，是政府的基本职责。政府在机构养老服务中的责任，从计划经济时代的垄断包揽，到20世纪80年代中期开始的适度调整收缩，再到21世纪开始重新界定，是与其执政理念的转变密切相关的。计划经济时代，由于经济欠发达，生活水平普遍低下，人们对温饱需求的渴望超过了机构养老服务的需求，政府难以将少部分社会成员的养老服务需求上升至国家政策层面，仅对游离于单位保障和家庭保障的城市“三无”老人、农村“五保”老人提供集中供养。改革开放初期，“经济发展”成为首要目标，机构养老服务领域的改革作为经济体制改革的配套措施，需要服从经济体制改革的目标和方向。在“效率优先、兼顾公平”的市场化逻辑下，面对单位制式微等深层次问题所引发的机构养老服务需求增长，政府很难承担起应有的责任。这一时期，政府通过强调政府责任的有限性，将过多的责任让渡给了个人和社会，以有偿供养的社会化方式解决机构养老服务的需求。在市场经济为导向的体制改革下，政府在机构养老服务中的责任收缩成为必然。进入21世纪，面对老龄化问题的显性化以及社会转型期社会变革的加速，追求公平与公正成为政府工作中的重点，建设服务型政府，强化社会管理和公共服务成为政府改革的重要目标和基本理念。主要表现为政府在机构养老服务变革发展不再盲目地将本属于自己的责任让渡给市场、社会等供给主体，不再过分强调效率而忽略兜底保障的基本职能。在这一理念下，面对社会成员不断增长的机构养老服务需求，政府改进提供机构养老服务的方式，通过财政补贴、政策扶持、服务供给多元化等手段增加机构养老服务数量，改进机构养老服务供给机制。政府虽然不再是机构养老服务供给中的唯一主体，但仍承担着制度设计、服务生产、财政供给、监管管理等基本责任，通过财政补贴、税费减免、购买服务等方式与市场、社会主体建立紧密的合作关系，提高机构养老服务的供给能力和水平。在建设服务型政府的理念下，政府主导的以民生为本的机构养老服务体系建设凸显了政府责任的回归和强化。

三　西方福利国家改革产生的示范效应

政府在机构养老服务领域的改革，始于 20 世纪 80 年代中期。西方福利国家的福利改革实践以及混合福利经济、新公共管理等力量不断传入。福利国家改革始于 20 世纪 70 年代，当时西方福利国家发生经济危机，政府面临巨大的财政压力。而“政府失灵”的弊端日益凸显，过分依赖政府所带来的公共资金负担重、效率不高、服务质量难以令人满意已成为公认的问题。在这一背景下，各国推进社会福利的市场化改革，鼓励多种社会力量参与，实现“国家福利”向“多元福利”转变。在福利混合经济、新公共管理以及“第三条道路”等理论的指导下，西方福利国家的公共服务私有化改革取得了比较显著的成功，政府把商业组织与非营利的志愿性团体引入社会福利供给当中，公共部门与私人部门形成了合作关系。通过改革，不仅政府的社会福利支出压力得以减轻，还提高了公共服务供给的数量和质量。西方政府通过福利改革，重塑了政府与市场、社会以及家庭的福利责任结构，实现了彼此之间关系的良性互动，更好地满足了民众多样化的福利需求。西方国家的相关理论和成功的改革经验，为我国政府在机构养老服务中的责任转变提供了示范效应。随着市场经济改革进程的推进，我国也开始探索机构养老服务供给机制的改革和创新路径，开启了机构养老服务的社会化改革之路。

四 国家经济实力的不断增强

国家经济实力的增长是满足机构养老服务需求的物质基础和前提条件，也是政府责任转变的基础性条件。机构养老服务的发展不仅要求政府能够提供更多的财源支持，也要求政府有能力调整公共支出结构，扩大机构养老服务的覆盖范围。在市场经济改革的推动下，我国自改革开放以来，已成为世界上经济增长速度最快的国家，以年均 10%左右的高速增长创造了经济增长的“中国奇迹”。2010 年国内生产总值已突破 40 万亿元，跃居世界第二位。国家统计局的统计数据显示，1978—2021 年，国内生产总值由 3645. 22 亿元增加到 1149237 亿元，远高于同期世界经济年均增长速度。作为衡量经济发展水平的重要指标，人均国内生产总值（GDP），2021 年也上升至 80976 元。不仅为发展机构养老服务奠定了坚实的经济基础，也为向“适度普惠型”机构养老服务模式的迈进提供了有力支持。只有在国家雄厚的物质基础和强劲的经济实力支撑下，政府才能够通过增加财政支出和调整财政支出结构，扩大机构养老服务的覆盖范围，建立高龄津贴、长期护理险等普惠性的制度，对社会成员的机构养老服务需求做出积极回应，使人民的福祉得以落实。

总体来说，政府在机构养老服务领域的责任变化是嵌入社会发展和经济发展当中的，是经济体制变革、社会结构调整以及社会需求改变共同作用的结果。从新中国成立到现在，机构养老服务最为明显的变化是“剩余主义”模式向“适度普惠性”模式的发展迈进。政府对社会化成员机构养老需求变化的积极回应，不仅体现了政府在福利建制理念方面的变化，还体现了其面对老龄化严峻形势，主动承担化解社会转型时期老龄化社会风险的责任担当。机构养老服务服务对象的扩大、服务标准的提升、供给主体的多样化，均在政府的有力支撑下得到全面发展。虽然政府责任在机构养老服务建设过程中占据极为重要的地位，但其责任的转变，不仅需要其自身职责与能力的提升，还需要与社会、市场更好地合作。只有政府与社会、市场等供给主体良性互动，才能有效拓展机构养老服务的发展空间，提高机构养老服务的服务质量，满足日益庞大的老年人群的机构养老服务需求。

第四章　机构养老服务中的政府责任履行现状

——以济南市为例

在我国，机构养老服务作为比较典型的地方性公共产品，采用中央领导、地方政府提供，分级负责的管理模式，政府对机构养老服务的组织管理纵横涉及不同层级的政府及政府职能部门。机构养老服务的发展不仅需要中央政府出台的各项政策措施推动，在相当程度上也取决于各级政府，尤其是当地政府的履责能力。现实中，机构养老服务中的政府责任履行状况如何？这需要对政府履责现状进行实然考察。为此，本章将以济南市为案例，基于构建的分析框架，深入剖析济南市机构养老服务中的政府履责现状。

济南市作为山东省的省会城市，是山东省乃至全国较早进入人口老龄化社会的城市之一，现已进入中度老龄化社会，老龄化速度发展快、高龄化趋势日益凸显。“十三五”时期，济南市人口老龄化发展进入加速增长阶段，截至 2021 年底，济南市共有常住人口 933.6 万人，其中 60 岁以上老年人口 183.71 万人，占全市人口总数的 19.96%；65 岁以上老年人口 129.5 万人，占全市人口总数的 14.07%。机构养老服务作为社会养老服务体系的重要组成部分，具有家庭养老无法相比的专业性，在满足老年人多元化养老服务需求，弱化政府养老服务压力等方面有着重要的促进作用。面对人口老龄化、失能化日益严峻的形势，各级政府大力推进济南市机构养老服务发展。截至 2021 年，济南市共有 136 家养老机构，其中公办公营养老机构 22 家，公建民营养老机构 43 家，民办非营利养老机构 65 家，民办营利养老机构 6 家，已形成政府、市场、社会组织多元主体共同参与供给的发展格局。

第一节　制度设计责任的履行现状

作为机构养老服务的重要安排者，济南市政府主导着机构养老服务的规划与推进，承担着重要的制度设计责任。近年来，济南市政府不断完善机构养老服务的体系框架和制度支撑，将机构养老服务纳入经济社会发展当中，并紧跟国家步伐制定济南市老龄事业发展和养老体系建设规划，明确济南市机构养老服务的发展方向。近几年，济南市政府先后颁布实施了《关于加快推进养老服务业发展的实施意见》《济南市“十三五”养老服务业发展规划》《关于加快推进养老服务设施建设的实施意见》等一系列文件，从顶层设计上明确了机构养老服务的发展目标和布局结构。基于国家对机构养老服务的目标定位和战略部署，济南市政府在机构养老服务制度设计和运行的过程中，已初步构建供给主体多元化、服务内容多样化的适度普惠型机构养老服务福利模式，推动机构养老服务良性、快速发展。

一　推动机构养老服务向适度普惠型福利模式转变

当前，我国正从剩余型福利模式向适度普惠型福利模式转变。适度普惠型社会福利模式的提出，为老龄化时代机构养老服务供给模式的发展指明了改革方向。面对济南市老龄化、失能化的严峻发展态势，济南市政府在机构养老服务领域做出了系统性筹划和相应的制度安排，机构养老服务的受益人群从政府托底保障的城乡特困老人向普通社会成员转变。

由于经济的发展和医疗水平的提高，人均寿命不断延长，人口老龄化的趋势不可逆转，将成为社会常态，失能老人的长期照护问题日益突出，给个人和家庭带来沉重的经济和照料负担。《中华人民共和国老年人权益保障法》明确规定“国家逐步开展长期护理保障工作，保障老年人的护理需求”。为满足老年人长期照护的需求，济南市连续出台《关于建立职工长期医疗护理保险制度的意见》《济南市职工长期医疗护理保险实施办法》，建立了济南市职工长期医疗护理保险制度。机构养老服务的医疗护理服务被纳入长期医疗护理保险范畴。符合条件的退休职工，个人的机构养老护理费用根据身体状况，可从医疗保险基金划拨一定比例报销，直接减轻了个人的机构服务费用负担。这一针对机构养老服务需方的补贴制度，提高了机构养老服务的公平性和可及性，标志着济南市的机构养老服务逐步向普惠型福利模式迈进。

二　构建责任边界清晰的多元供给模式

随着老龄化时代的来临，老年人的机构养老服务需求不断扩大，政府职能的有限性决定其不仅无法全部承担机构养老服务的供给，机构养老服务所需要的专业化服务能力也难以保障。面对社会成员日益旺盛的机构养老服务需求，济南市政府连续出台《关于加快推进养老服务发展的实施意见》《济南市“十三五”养老服务业发展规划》等政策文件，提出通过市场化、产业化、社会化来扩大机构养老服务的有效供给，推进机构养老服务的多元供给主体共同发展。目前，济南市的机构养老服务模式涵盖政府直接提供、政府与民间资本合作供给、社会组织供给以及市场供给四种模式。在济南市的现实实践中，四种模式分别对应为公办养老机构、公建民营养老机构、民非养老机构和民营养老机构。

作为一种变革，机构养老服务的多元供给模式地位无可置疑，但在发展过程中，因公办养老机构双轨制所导致的政府与社会组织、市场主体责任边界不清问题日益凸显。为了厘清政府与市场、社会的责任边界，2016 年，济南市制定实施《济南市关于推进公办养老机构改革的指导意见》，全面启动公办养老机构改革工作。一方面，济南市政府强调自身的托底保障责任，停止公办养老机构的自费代养行为，将公办养老机构的服务对象仅限于城乡特困老人，明确了公办养老机构的福利属性。另一方面，通过公建民营、公办养老机构改制等形式，有效消除了公办养老机构双轨制带来的竞争不公，为市场、社会组织创造了更加公平的竞争环境，责任边界清晰的多元供给模式在济南市逐步建立起来。

三　促进机构服务的服务内容多样化

失能、半失能老人由于缺乏自我照护能力，是机构养老服务的重要服务对象。他们作为老年群体中的弱势群体，对于生活照料和医疗照护的需求也更加全面和强烈。当前选择机构养老服务的老年人比例不高，在很大程度上是由于许多养老机构的服务内容单一，仅能够提供简单是生活照料服务，无法满足老年人专业化、多样化的服务需求。养老机构能否提供人性化、专业化、内容多样化的高质量机构养老服务，已成为影响老年人选择机构养老方式的重要因素。

为促进机构养老服务的良性发展，满足社会持续增长的机构养老服务需求，济南市参照民政部、省民政厅和其他省市标准，制定实施《济南市养老服务设施等级评定标准》，依据评定标准对养老机构的环境、设施设备、运营管理、服务项目进行考核，并将消防、餐饮、医疗资质、老年康复设备以及无责任事故等作为必备要件。养老机构的评定分为五个等级，级数越高，表示养老机构在服务环境、设施设备、运营管理、服务方面的综合能力越强。评定采取机构自愿原则，等级评定有效期为一年。评定标准将养老机构所提供的服务项目作为星级划分的重要依据，规定：二星级以下养老机构必须提供出入院服务、生活照料服务、膳食服务、清洁卫生服务、洗涤服务、医疗护理服务、文化娱乐服务、心理/精神支持服务、安宁服务、委托服务。三星级以上养老机构在此服务项目基础上增加康复服务。四星级以上养老机构需在三星级服务内容基础上开展教育服务。五星级养老机构还需提供居家上门服务。该措施的实施，有利于推动济南市养老机构提升自身基础设施建设和服务水平，以此提升济南市机构养老服务的整体服务质量。

机构养老服务具有较强的专业性，不仅需要提供基本照料服务，还需要发展医疗护理、精神慰藉等方面的专业服务。近年来，济南市政府将医养结合作为机构养老服务发展的重点，整合现有的养老、医疗资源，以内设医疗机构、医院与养老机构建立合作机制的方式推动医疗与养老服务融合发展。政府还鼓励打造一批专业化的医养结合养老机构，在建设、运营等方面给予更大程度财政支持。在满足老年人情感需求方面，济南市积极推进养老机构开展社会工作服务，为老人提供专业的心理辅导。养老机构的星级标准与机构能否提供社工服务直接挂钩，《济南市养老服务设施等级评定标准》规定，四星级及以上养老机构必须每200名老年人（不足200名的按200名计算）至少配有1名专职社会工作者，为老年人提供情感支持。

第二节 服务生产责任的履行现状

一般而言，关系公民基本生存保障权、或具有非竞争性和排他性的福利服务需要由政府直接生产提供，这既是公民权的体现，也是保证一个国家社会存续的前提。① 因此，直接提供机构养老服务是政府公共职责使然。济南市政府主要通过举办公办养老机构的方式履行服务生产责任。截至2021年底，济南市共有公办养老机构22家，包括济南市福利院和21家乡镇敬老院。2016年公办养老机构改革后，公办养老机构的服务对象限定为城乡特困老人，仅提供纯公共产品性质的机构养老服务，主要满足特困老人吃、穿、住、医、葬的基本需求。

一 农村“五保”老人集中供养

由于农村经济发展相对落后，济南市农村特困老人相对较多。

① 雷雨若、王浦劬：《西方国家福利治理与政府社会福利责任定位》，《国家行政学院学报》2016年第2期。

截至 2021 年，济南市集中供养的农村“五保”老人共有 3376 人。[①] 农村“五保”老人集中供养采取属地管理、分级负责的方式，由济南市区县民政部门以及乡镇政府（街道办事处）负责农村特困人员救助供养资格的审核、审批，村（居）委会则协助政府部门对“五保”老人进行家计调查和资格审核。区县民政部门还在镇政府（街道办事处）、村（居）民委员会协助下，对特困人员生活自理能力进行评估，并根据评估结果确定特困人员应当享受的照料护理标准档次。为了便于管理，济南市“五保”老人的集中供养一般就近安排到其户籍所在地附近的乡镇敬老院，少部分“五保”老人由于所在乡镇敬老院关闭或合并，转移到户籍地所在区县的公建民营养老机构集中供养。按照属地管理原则，乡镇敬老院由其所在区县民政局及乡镇政府（街道办事处）共同进行业务指导和监督管理。由于济南市乡镇敬老院没有专职工作人员编制，院长一般由所在乡镇民政办的工作人员兼职或聘任附近村的退休干部。乡镇敬老院规模大多较小，内部组织结构简单，院内管理工作一般由院长一人负责。护理人员大部分是附近村的村民，主要为“五保”老人提供日常生活照料服务。济南市乡镇敬老院均无专门医生，但基本备有定点就诊医院，采取逐级诊疗，根据老人病情选择就诊医院，为老人免费提供救治。多数敬老院设立了食堂、学习室、理发室和活动室，以满足老年人的基本生活需求。

二　城市“三无”老人集中供养

相比农村，城市就业率高，且拥有较为完善的社会保障制度，城市“三无”人员数量少。截至 2021 年，济南市集中供养的“三无”老人仅有 223 人。[②] 城市“三无”老人的集中供养资格由户籍所在地的区民政局审批后，全部转由市民政局统一安排在济南市社会福利院集中供养。市福利院是济南市民政局下属的全额拨款事业

---

① 济南市民政局统计数据。

② 济南市民政局统计数据。

单位，现有编制内行政管理人员64人，社会招聘的护理员60余人。市福利院的自主决策权有限，涉及资产分配、权力配置等方面的重要决策，如内部组织设置、职责分工、编制内人员聘用、调配、财务管理，均服从市民政局安排。但公益岗位的社会招聘和本院日常管理工作可自主决定。日常管理工作实施院长负责制，由院长带领人事、财务等相关部门负责人研究制定各项内部管理制度，确保工作规范化、制度化。目前，市福利院按照老年人的身体状况，实施分区照料，内设自理区、卧床区和智障人员生活区。内部设有专门的医务室，部分工作人员掌握一定的药理和护理常识，如慢性病、常见病可根据情况进行简单处理。老人的住院费用则由财政兜底。

第三节　财政供给责任的履行现状

近年来，各级政府财政大力支持济南市发展机构养老服务。在坚持社会福利社会化，构建以居家为基础、社区为依托、机构为补充的多层次养老服务体系的指导思想下，济南市已逐渐建立起中央、省、市、区县、乡镇（办事处）共同承担的财政保障体系。

一　济南市机构养老服务的相关财政政策

为了满足济南市老年人日益增长的机构养老服务需求，提升机构养老服务的有效供给和服务质量，各级政府将机构养老服务资金纳入省、市两级财政预算。山东省民政厅、济南市民政局出台《山东省养老服务业省级专项资金补助项目实施方案》《济南市特困人员供养办法》《济南市支持养老服务体系建设专项资金补助实施细则》等多项文件，明确政府在机构养老服务中的财政责任。政府财政支持济南市机构养老服务有两种形式：一是财政直接拨款，财政补贴覆盖面广，包括城乡特困老人集中供养、对社会组织和市场主体的各类补贴、养老服务人员的培训及奖励。二是财政间接给付，主要是对市场和社会组织的激励和扶持政策，具体包括税费减免、水电优惠、土地划拨、金融支持政策等。

（一）财政直接拨款

济南市机构养老服务的财政直接拨款主要包括以下三类：一是城乡特困老人集中供养的保障资金，保证其基本生活需求以维护社会公平；二是对市场和社会组织的各类专项补贴，目的是调动市场和社会组织参与机构养老服务的积极性，增加机构养老服务的有效供给；三是养老服务人员的培训费用及从业人员奖励资金，主要是为提升机构养老服务的服务质量。

1. 城乡特困老人集中供养的保障资金

城乡特困老人集中供养的保障资金具体包括城乡特困老人集中供养的供养资金、老年人人身意外伤害保险费以及城乡公办养老机构的运营经费。济南市城乡特困老人的集中供养标准包括照料护理标准和基本生活标准，每年根据经济发展和物价水平适度上调。照料护理标准城乡统一，基本生活标准基于城乡经济发展水平采取不同标准。城乡特困老人照料护理标准依据老人自理能力分三档。集中供养资金不发放给个人，按特困老人的人员总数直接发放到公办养老机构或公建民营养老机构的运营方。城乡特困老人的集中供养资金由多级财政共同分担，且城乡有所差别。老年人人身意外伤害保险费由市财政全额负担。公办养老机构基础设施的资金投入、人员工资、日常活动费用等机构运行所需经费全部由政府财政支出。由于城乡公办养老机构采取属地管理方式，市福利院隶属市民政局，由市财政承担全部运营经费。农村敬老院归属所在辖区，运营经费主要由县（区）、乡（办事处）按比例共同承担。省财政和市财政分别给予适量的电费补贴和取暖补贴。

2. 对社会组织和市场主体的直接补贴

对社会组织和市场主体的直接补贴主要包括建设补贴、运营补贴、老年人人身意外伤害保险补贴。对养老机构的建设补贴和运营补贴，山东省和济南市分别设立补贴标准且由省、市两级财政各自独立承担。建设补贴为一次性补贴，补贴对象为民非养老机构和民营养老机构，补贴标准因养老机构房产自有或租赁有所不同。运营补贴的补贴对象为民非养老机构、民营养老机构以及公建民营养老机构的合作方，省、市运营补贴均连续补贴三年。老年人人身意外伤害保险费基准价为每人每年 100 元，市财政按照每人每年 80 元的标准，直接将保险补助给予其所入住的养老机构。此外，还有一些来自区县的财政补贴，但尚未纳入财政预算，具体补贴项目不固定。

3. 养老服务人员的培训费用及从业人员奖励资金

养老服务及管理人员的培训费用，省、市、区三级财政根据各自不同的培训项目都有资金投入。此外，为引导和鼓励专业人才从事养老服务业，省、市分别建立了养老服务专业技术人员激励制度，对从事机构养老服务的大中专毕业生和取得养老护理员中、高级职业资格证书的护理员给予一次性奖励。

（二）财政间接给付

财政间接给付的目的是通过对市场和社会组织实施相关财政激励政策以降低养老机构的运营成本，引导其提供福利性的机构养老服务。相关的激励政策具体包括税收减免、水电优惠、土地划拨、金融支持政策。税收减免方面，对养老机构提供的养老服务免征营业税，对非营利性养老机构免征房产税、城镇土地使用税，对符合条件的养老机构免征企业所得税。养老机构用电、用水、用气、用热收费标准，均按居民生活类价格执行。在土地保障方面，公建民营合作方由政府免费提供土地、场所；举办非营利性养老服务机构，可凭登记机关发给的社会服务机构登记证书和其他法定材料申请划拨供地。此外，政府还对符合贷款条件的民办养老机构给予金融信贷优惠。通过采用“床位收费权质押+保证金担保+实际控制人、核心家庭成员或主要股东担保”方式办理贷款，无须养老机构提供抵押物担保，以降级贷款门槛，并根据民政部门对养老机构等级评定情况实施利率优惠。

二　政府资金支持机构养老服务的运作机制

经过对已出台的与济南市机构养老服务相关文件以及对财政部

门访谈资料整理，可以看到不同层级的政府财政对机构养老服务的主要补贴项目及补贴标准。中央财政主要承担农村集中供养特困老人的资金补贴；省、市、区（县）财政均对城乡集中供养特困老人、社会力量参与机构养老服务及人员培训给予财政支持，但项目补贴标准有所差异；乡镇财政主要负责农村敬老院的建设及运营。

整体来看，不同层级政府财政支持机构养老服务的补贴项目及补贴标准复杂，既有同一项目由不同层级政府财政共同分担，但分担比例存在差异，如农村特困老人集中供养资金由中央、省、市、区（县）四级财政共同分担，省级以上承担30%，市级承担40%，区县承担30%；也有不同层级政府对同一项目的财政支持不同，如山东省和济南市对民办养老服务机构的建设补贴、运营补贴标准存在较大差异。

表4-1　各级财政对济南市机构养老服务主要项目的资金补贴

财政层级	补贴类别	补贴标准或承担比例
中央财政	农村特困老人集中供养资金	比例不固定，与山东省财政共承担30%
省财政	特困集中供养：农村特困老人集中供养资金、农村敬老院运营补贴	与中央财政共同承担30%农村特困老人集中供养资金；给予乡镇敬老院每名农村“五保”集中供养老人8.5元/月电费补贴
	社会力量扶持：民办养老机构建设补贴、公建民营及民办养老机构运营补贴	建设补贴：自有房产4500元/床；租赁用房2000元/床。医养结合型养老床位在此基础上提高20%。运营补贴：对养老机构每收住1名自理、部分失能、失能老年人每人每年给予600元、1200元、2400元补贴
	人员培训及人才激励	养老服务人员培训：采取政府购买服务方式委托大专院校或养老机构实施培训，根据培训任务据实结算。人才激励：与养老服务机构签订5年以上劳动合同并连续在本省从业满3年以上的本、专科毕业生和技工学院、高级技工学校毕业生，分别给予2万元和1.5万元的一次性补助。对连续从业2年以上，取得国家养老护理员技师、高级工职业资格证书的养老机构护理员，分别给予每人2000元、1500元的一次性补助

续表

财政层级	补贴类别	补贴标准或承担比例
市财政	特困集中供养：城乡特困老人集中供养资金和老年人人身意外险、市福利院建设及运营费用、农村敬老院运营补贴	全额承担城市“三无”老人集中供养资金；承担40%农村特困老人集中供养资金、全额承担城乡特困集中供养老人人身意外险保费；全额承担市福利院建设及运营费用、财政支持农村敬老院75%冬季取暖费用
	社会力量扶持：民办养老机构建设补贴、公建民营及民办养老机构运营补贴、老年人人身意外险补贴	建设补贴：自有房产4000元/床；租赁用房3000元/床。医养结合条件的养老机构，新增床位建设补助标准的130%给予补贴。运营补贴：对养老机构的补贴依据统一评定的养老机构等级，对照养老机构人数和老年人能力评估结果，按照每人每年500元—3000元不等的标准实施差异化补助。老年人人身意外险补贴：按照每人每年80元的标准给予入住养老机构补助
	人员培训与人才激励	养老服务人员培训：按照每人次2000元的补助标准，通过政府购买服务方式给予补助；人才激励：对与养老服务机构签订5年以上劳动合同并在本市连续从业满3年以上的本、专科毕业生和技工学院、高级技工学校毕业生，分别分别给予2万元和1.5万元的一次性补助
区县财政	特困集中供养：农村特困老人集中供养资金、农村敬老院建设及运营费用	区（县）承担40%农村特困老人集中供养资金；区县承担20%或30%农村敬老院建设、运营费用
	社会化养老机构扶持：项目不固定	尚未纳入财政预算，补贴数额不确定
	人员培训	根据培训任务据实结算
乡镇财政	农村敬老院建设及运营费用	乡镇承担20%或30%农村敬老院建设、运营费用

资料来源：1.《山东省养老服务业省级专项资金补助项目实施方案》；2.《济南市发展养老服务业市级专项资金补助项目实施方案》；3.《济南市特困人员救助供养办法》；4.《济南市特困人员供养服务设施（敬老院）改造提升工程实施方案》。

第四节　监督管理责任的履行现状

机构养老服务是一项复杂的系统工程，它的重要性、复杂性决定了政府对机构养老服务的组织管理纵横涉及不同层级的政府、不同的政府部门。纵向上，政府对机构养老服务采取中央主导、分级负责模式，政府对济南市机构养老服务的纵向管理主体具体包括中央、山东省、济南市、县（区）、乡（街道）政府及其主管部门。横向上，机构养老服务采取分散管理模式，涉及民政、卫生健康、市场监管、财政等多个政府职能部门。

一　不同层级政府的职责分工

作为单一制国家，我国政府的组织结构形成了一个自上而下的体系。纵向管理层级可以划分为中央、省、市、县（区）、乡（街道办事处）五个层级，不同层级的政府会分别对应不同范围的事权。纵向五个层级的第一层级是中央政府，属于最高决策层；第二层级是省人民政府，属于传递、制定政策层；第三层级是市政府，属于传递、制定政策和组织实施层；第四层级是区（县）政府，属于政策执行层；第五层级是乡镇（街道）政府，也属于具体执行层。每一层级政府在业务性质和职能范围上都具有巨大的相似性，在职能管理范围上则呈现逐级缩小之势，每一层级各自对上一级负责，结构化为系统的组织构架。①

（一）中央政府：全面主导

中央政府作为最高层级，在机构养老服务中主要具有主导作用。作为领导和决策层，中央政府主要负责机构养老服务的统筹规划，制定大政方针。中央政府对机构养老服务的管辖权实际上分散于各个部委之中。国务院、民政、卫健、市场监督管理、税务等部委均

---

① 张康之、张乾友：《当代中国政府》，南京大学出版社 2016 年版，第 129 页。

负责机构养老服务的相关业务工作，独立或联合拟定机构养老服务的发展规划、指导意见、标准规范等各类政策。作为行业最高主管部门，绝大多数中央部委都没有独立的执行机构，主要通过对地方对口职能部门的行政指导、技术监督等方式来实施自己的决策，形成了中央各部委一直延伸到乡镇政府的条条轨道。①

（二）省级政府：传递和制定政策、业务指导

我国政府纵向间关系的突出特点是一体性，在地方政府政治权力各要素之间的关系上，与中央政府大体上呈现“同构”和“一体”的特色，基本上是中央政府中各权力构成要素及其相互关系的“投影”和“复制”。地方政府的机构设置和中央政府大体相似，地方政府设有几十个与中央部门相对应的职能部门，这些职能部门在业务上受中央相关部门的指导、监督或领导。② 省级政府作为地方政府的最高层，主要职责是传递中央政策、制定本省政策及向管辖的市进行业务指导。具体来说，山东省政府及民政厅等职能部门不仅要传达中央各部委的指导意见、精神，还需要对中央的规定进行适当调整，制定本省机构养老服务的针对性政策使之更符合本省实际，如《山东省关于推进养老服务发展的实施意见》《山东省养老服务条例》。除此之外，省级主管部门还拥有对市级对口职能部门的指导权，如山东省民政厅还需对济南市民政局进行定期的业务指导和监督。

（三）市级政府：传递和制定政策、组织实施

市级政府在机构养老服务中的作用主要表现在政策传递和组织实施方面。济南市政府及相关部门不仅要传达中央部委、山东省民政厅等上级主管部门的政策文件，还需要根据上级的指示精神，制定本市机构养老服务的发展准则、管理的具体实施细则。与中央、

---

① 周振超：《当代中国政府“条块关系”研究》，天津人民出版社 2009 年版，第 73 页。

② 周振超：《当代中国政府“条块关系”研究》，天津人民出版社 2009 年版，第 30—32 页。

省级出台的指导性文件相比，济南市出台的机构养老服务政策法规更加具体、细化，不仅确定了具体的实施内容和执行标准，还将主要工作任务详细分解，调动区县政府的对口部门开展相关工作。如济南市民政局制定了济南市城乡特困老人集中供养办法、养老机构水电气暖价格优惠政策，但这两项政策的具体实施需要区县相关部门协调配合、组织其共同完成。

（四）区县政府：政策执行

尽管不同层级的政府都对机构养老服务具有一定的事权，但区县政府作为机构养老服务中的低层级政府，主要职责是政策的执行，且执行最有效。区县政府主要为本地区的居民提供必需的机构养老服务，对本辖区养老机构进行必要的管理，与养老机构、服务对象发生直接的管理与被管理的关系。作为机构养老服务中的低层级负责部门，济南市的区（县）民政局等相关职能部门承担机构养老服务的具体管理工作，并接受上级政府及部门的监督和指导。具体来说，济南市区（县）政府的民政、卫计等相关职能部门主要对各类养老机构进行直接管理，具体包括对城乡特困集中供养老人资格的审批、民办养老机构的资质审查、各类补贴发放以及对各类养老机构的监管等。

（五）乡镇政府：具体执行

乡镇政府是最基层的一级政府，主要接受上级部门的监督和指导，完成上级交办的各种任务。乡镇政府（办事处）工作重点是落实政府在机构养老服务中的兜底保障工作，一方面要审核城乡特困人员的资格，主要是对城市“三无”、农村“五保”等无所依靠的特困老人进行相关的家计调查。另一方面，还要对辖区内敬老院的工作进行日常指导和监督管理。

二　政府职能部门横向的职责分工

随着政府行政的专业化程度不断提高，政府的管理越来越复杂化。政府机构在上下对口设置的情况下，同级政府为完成任务而在横向上设立负责具体事务的职能部门，各平行的职能部门作为政府的组成部分，在政府的统一指挥下各自独立完成所负责的业务。不少事务的实施和运行需要多个职能部门相互协作，既需要各部门分工明确、边界清晰，又需要部门之间相互配合保障工作有效开展。机构养老服务作为一个社会系统工程，涉及领域广泛，单靠一个部门往往无法实现政策的有效制定和落实，在制定和实施的过程中必须要加强与相关部门的协调合作，才能提高工作效率、降低行政成本。[①] 职能部门分管负责呈现多样性和多重性，形成了错综复杂的网络体系。在当前行政模式下，济南市机构养老服务的管理工作被划分到多个职能部门，涉及民政、卫健、公安、医疗保障、市场监管等多个政府职能部门。除了具体的业务主管部门之外，往往也离不开财政等相关部门的工作配合。机构养老服务的组织管理过程往往面临不同职能部门之间以及多种项目之间的衔接配合。

（一）不同职能部门分管不同的机构养老服务业务

由于机构养老服务的复杂性和多样性，济南市机构养老服务由不同的政府职能部门来负责。从业务的范围来看，济南市民政局作为机构养老服务的主管部门，负责城乡特困人员集中供养、养老护理员培训、机构养老服务补贴的资格审核及发放、养老机构的日常监管、民办非营利养老机构的注册、年审、变更等多项业务。市卫健委不仅组织拟订并协调落实与机构养老服务有关的市人口老龄化的政策措施、市老龄事业发展规划，还承担济南市养老机构医疗资质的审核、医疗卫生健康与管理工作。市公安局的职责范围主要是对养老机构消防设施设备配备标准的审核以及日常消防安全管理。市场监督管理局主要负责养老机构的食品安全监督管理工作以及查处养老机构的违规收费行为。市医疗保障局组织拟定、实施长期医疗护理保险制度以及费用结算工作。市国土资源局负责机构养老服务设施用地审批工作。市规划局负责在规划管理中落实养老服务设

① 朱光磊：《中国政府发展研究报告（第3辑）地方政府发展与府际关系》，中国人民大学出版社2013年版，第305页。

施配置标准，明确规划管控要求，配合有关部门监督养老设施项目落实情况。政府各部门分管负责机构养老服务的格局，使得部门之间职能交叉重合、纷繁复杂。在这种职能分工复杂的情况下，济南市机构养老服务工作的有效开展，需要发挥不同部门的协同作用，做好相应的工作。

（二）同一项目划归不同职能部门共同管理

由于机构养老服务的复杂性和多样性，机构养老服务的同一项目可能会由不同的职能部门共同来负责。从表 4-2 可以看出，济南市机构养老服务的管理多由不同行政部门协同发挥作用。如《济南市支持养老服务体系建设专项资金补助实施细则》规定，民政部门负责对养老机构建设补贴、运营补贴项目受理和初审；医养结合型养老机构建设补贴，由民政、卫健计部门共同受理和初审。为了加强对补贴项目的日常监管，民政、卫健、财政部门均有权定期或不定期对市级补贴项目的审核确认情况进行抽查。虽然有些政策文件由济南市办公厅发文，但实际由多个职能部门负责实施。如《济南市关于加快推进养老服务发展的实施意见》，民政局作为机构养老服务的主管部门，多项业务涉及其中，监督管理、行业规范、业务指导以及编制养老服务业发展规划是主要职责；因涉及机构养老服务的改革发展，需要发展改革委做出相应的规划；卫健委为业务负责部门，关涉医养融合的发展，理应参与其中；人力资源社会保障局主要负责养老护理员执业资格注册考核以及人员培训工作。投资养老服务设施所需建设用地，需要国土资源局规划审批。养老服务设施的规划设计规范和建筑设计标准，需要住房和城乡建设局拟定。税务局则需对符合条件的民办养老机构进行相关税收减免。财政局虽不直接涉及政策的具体内容，但需要参与研究制定有关促进养老服务发展的扶持政策，对财政资金进行有效的配套。在这样一种齐抓共管的模式之下，各部门各司其职，在自己熟悉的专业领域内发挥作用，可以保证良好的政策效果。

表 4-2　　济南市机构养老服务主要政策文件及其发文部门

序号	文件名称	发文单位
1	《济南市养老服务机构管理规定》	济南市人民政府办公厅
2	《济南市特困人员救助供养办法》	济南市人民政府办公厅
3	《济南市关于加快推进养老服务发展的实施意见》	济南市人民政府办公厅
4	《济南市支持社会民生服务设施建设的实施意见》	济南市人民政府办公厅
5	《济南市“十三五”养老服务业发展规划》	济南市民政局
6	《济南市关于利用闲置社会资源举办养老服务机构有关问题的通知》	济南市民政局、市公安局、市国土资源局、市规划局、市城乡建设委、城市管理局
7	《济南市支持养老服务体系建设专项资金补助实施细则》	济南市民政局、市卫计委、市财政局
8	《关于确定养老服务设施运营补助标准的通知》	济南市民政局、市财政局
9	《关于切实抓好养老服务场所水电气暖价格优惠政策落实的通知》	济南市民政局、市发展改革委员会
10	《关于开展 2020 年全市养老院服务质量建设专项行动的通知》	济南市民政局、市住房城乡建设局、市卫健委、市应急管理局、市市场监督管理局、市消防救援支队
11	《关于推进解决养老服务场所消防设施配置有关问题的通知》	济南市民政局、市住建局
12	《济南市特困人员供养服务设施（敬老院）改造提升工程实施方案》	济南市民政局、市财政局
13	《关于切实抓好养老服务场所水电气暖价格优惠政策落实的通知》	济南市民政局、市发改委
14	《济南市职工长期医疗护理保险实施办法》	济南市人力资源和社会保障局、市财政局、市民政局、市卫计委
15	《济南市民政局关于实施养老机构综合责任保险有关事项的通知》	济南市民政局
16	《关于做好 2020 年全市养老服务人才培训有关问题的通知》	济南市民政局、市人力资源和社会保障局

资料来源：根据济南市政府、民政局、财政局等相关部门的原始文件整理而得。

综上所述，在机构养老服务的监督管理责任履行中，政府纵向层级结构和横向职能结构实际构成了一个矩阵结构。在矩阵结构中，有两条权力线，一是来自上级职能部门的垂直权力线，另一条是来自同级块块的水平权力线。[①] 每一层级上的职能部门要接受双重领导，既要受同级政府的统一领导，也要受上级职能部门的业务指导或领导。也就是说，在复杂的政府职能机构分工和层级众多的行政模式之下，机构养老服务管理工作的有效开展，不仅需要政府职能部门发挥各自的职责优势，并且在自上而下的实施推进过程中涉及各级政府的有效配合，才能实现政府间关系的动态平衡和协调发展。

---

① 周振超：《当代中国政府“条块关系”研究》，天津人民出版社 2009 年版，第 77 页。

第五章　机构养老服务中政府履责面临的问题

——以济南市为例

通过政府责任的履行来促进机构养老服务发展，首先要求政府责任的内容必须合理化，其次要求政府责任能够得到充分有效的履行。但政府责任的履行不是一个纯粹的理论问题或应然性的问题，它更是一个实践性很强的现实问题。在机构养老服务的运行过程中，诸多因素都会对政府的履责行为产生不利影响。这就使得政府责任的落实容易出现一些偏差，甚至背离其本初的目标。美国科学哲学家拉里·劳丹（Larry Laudan）认为，“科学本质上是解决问题的活动”。[①] 本章将以济南市为案例，从“实然”的角度考察了政府履责过程中所面对的问题，这对于明确我国政府在机构养老服务中理应承担的责任以及如何更好地承担这些责任，都具有十分重要的现实意义。

第一节　政府履行制度设计责任面临的问题

虽然在机构养老服务建设过程中，政府对济南市机构养老服务的发展方向和战略布局更加清晰和科学，政策设计也朝着系统化、

---

① ［美］拉里·劳丹：《进步及其问题——科学增长理论刍议》，方在庆译，上海译文出版社1991年版，第3页。

规范化、专业化的方向发展，但在履行制度设计责任过程中还出现诸多问题，主要表现为机构养老服务相关制度覆盖人群范围小、对供给主体定位不清、缺乏顶层设计和部门统筹三方面问题。

一　相关制度覆盖人群范围小

目前，政府在推进机构养老服务由残补型福利模式向普惠型福利模式过渡中，机构养老服务的受益人群在逐步扩大，但却仍存在制度覆盖不足的问题。主要表现为政府兜底保障人群获取机会不均等、普惠性长期护理制度尚未实现人群全覆盖等问题。

（一）政府兜底保障人群获取机会的不均等

从维护“底线公平”和“弱者优先”的福利理念来看，政府在机构养老服务中的“兜底”责任对象是个人或家庭无法满足其机构养老服务需求的贫困老人。2013 年出台的《国务院关于加快发展养老服务业的若干意见》中，政府明确界定了政府在机构养老服务中的托底保障对象，提出要“着力保障特殊困难老年人的养老服务需求”。也就是说，除城市“三无”、农村“五保”老人之外，城乡低保、高龄、失能等特殊老年弱势群体，政府也应充当第一责任人，对其提供具有救助性和福利性的机构养老服务。

在济南市的实践中，政府只对农村“五保”老人、城市“三无”老人提供免费集中供养，但这部分群体占经济困难老人的极少部分。对于处于低保、低保边缘的高龄、失能老人，由于没有达到特困老人集中供养的标准，无法入住福利院或敬老院。政府应当承担何种形式的责任，承担多少责任，并没有具体的规定。依靠社会的善行满足贫困等弱势老年群体的机构养老服务需求并不实际，在缺乏制度性支持的情况下，不符合城乡特困条件的贫困老人被排除在政府合法性的供养责任范围之外，其机构养老服务的需求难以得到保障。

政府在制度惯性思维下，长期以来将自己定位为机构养老服务制度的补缺者，但只是对最困难、最无法独立的“五保”“三无”少数群体进行兜底保障，却没有对广大低收入老年群体的机构养老服务需求和社会公众的权利诉求进行主动回应。最低保障线边缘甚至低于最低保障线的伤残、高龄等老年弱势群体缺乏机构养老服务的制度性保障，导致弱势老年群体的机构养老服务可得性不足。

（二）普惠型长期护理制度尚未实现人群全覆盖

我国机构养老服务的福利模式正从补缺型向普惠型转变，《国务院关于加快发展养老服务业的若干意见》中提出“以政府为主导，发挥社会力量作用，着力保障特殊困难老年人的养老服务需求，确保人人享有基本养老服务”。“确保人人享有基本养老服务”主要是指当老年人失能、失智，生活自理有困难时能获得亲属和社会提供的基本照护服务。[①] 但从现阶段的情况看，与机构养老服务补贴制度全覆盖相差较远，尚未实现参保人员的全覆盖。

长期护理保险制度作为我国政府解决“人人享有基本养老服务”的重要制度安排，可以有效减轻失能、半失能老人的机构养老服务费用负担，属于机构养老服务补贴制度范畴。但目前，长期护理保险制度只处于多地试点阶段，济南市也是自 2018 年才开始实施长期医疗护理保险制度，将机构养老服务的医护服务纳入医疗保险范围，但参保对象仅为参加医疗保险的城镇职工，同时也意味着城乡居民被排除在长期护理保险制度之外。截至 2021 年底，济南市常住人口 933.6 万人，职工医疗保险参保人数为 336.2 万人，[②] 符合长期护理保险参保资格的社会成员仅占全市总人口的 36.01%，超过总人口 60%的市民被长期护理保险制度排除在外，覆盖范围十分有限。城乡老年居民由于没有固定收入，相对城镇退休职工，整体收入水平低，入住养老机构的经济承受能力不足。仅允许一部分群体享有长期护理保险的福利待遇，不仅无法缓解经济困难的城乡老年居民机构护理服务的经济压力，还会加剧和城镇退休职工的机构养老服务待遇差异，未能体现社会保障制度所提倡的弱者优先原则。

---

① 桂世勋：《应对老龄化的养老服务政策需要理性思考》，《华东师范大学学报》（哲学社会科学版）2017 年第 4 期。

② 《2021 年济南统计年鉴》。

机构养老服务的公益性要求机构养老服务制度设计须符合公平公正原则，最大限度地体现普遍的社会正义。养老权利是社会成员应有的合法权益，每个公民都应拥有平等获取的资格，与地区、职业、社会地位没有直接关联。而济南市长期医疗护理保险制度基于资金的平衡性和制度的稳定性，将缴费视为获取长期护理保险的获取途径，在制度设计中未将收入水平相对较低的城乡居民纳入，降低了基本机构养老服务制度的覆盖范围。一部分群体获取合法福利待遇，另一部分群体被阻挡在外，济南市长期护理保险制度无论是价值理念，还是内容设计均有违社会公平。

二　供给主体定位不清

我国推行机构养老服务的社会化改革，允许和鼓励市场、社会组织参与机构养老服务的供给，其目的是通过供给主体多元化，更好地满足社会公众的机构养老服务需求，维护其合法的养老权益。但济南市在推行机构养老服务改革的发展进程中，存在政府对社会组织、市场主体定位不清的问题。

（一）养老服务类社会组织定位模糊

在机构养老服务社会化的发展进程中，养老服务类社会组织逐渐成为机构养老重要的供给主体，但相关制度对以民办非营利养老机构为代表的养老服务类社会组织属性定位不清，成为困扰其发展的长久难题。1999 年，民政部颁布的《民办非企业单位暂行办法》将民非养老机构划入民办非企业单位范围。民办非企业单位作为一个中国特色的名词，指企业事业单位、社会团体和其他社会力量以及公民个人利用非国有资产举办的、从事非营利性社会性社会服务活动的社会组织。但这一概念范围过于宽泛，没有处理好民非养老机构与非营利养老机构的关系，在一定程度上导致民非养老机构的属性不清。

此外，政府尚未在制度上授予民非养老机构获取捐款的合法性“认证”。《中华人民共和国公益事业捐赠法》规定：“公益性社会团体和公益性非营利的事业单位可以依照本法接受捐赠。”从这一定义可以看出，民非养老机构既不是社团也不是“公益性非营利的事业单位”，这直接限定了其接受捐款的可能性。由于对民非养老机构的属性界定不清，在面对企业等集体捐赠时，其非营利的特殊属性常常由于无法向捐赠方开具减免税的经营性收据证明导致社会捐款不顺畅甚至失败，社会筹募经费微乎其微。

定位的模糊使得民非养老机构获取社会资金困难，难免陷入要么依赖政府、要么依赖市场的两难境地。如果对政府过分依赖，就会导致公共支出成本剧增、政府财政负担重，机构养老服务社会化改革难以维持；而一旦过分依赖市场，则会导致可及性不足、福利性不强，机构养老服务的普惠性发展只能沦为空谈。

（二）尚未区分市场和社会组织的属性差别

在机构养老服务社会化推进过程中，单独依靠政府举办公办养老机构为广大老年人提供机构养老服务，无论以机构养老服务行业发展的成熟程度还是政府的财政实力，都还远不能满足老年群体的需要。市场、社会组织成为机构养老服务的重要供给主体，但政府并没有很好地区分二者的差别，对市场、社会组织的优惠扶持未能体现差异性。

从社会组织和市场主体的本质属性来看，民非养老机构属于非营利组织，具有非营利性和福利性，而民营养老机构以获取利润最大化为目标，政府对民非养老机构的优惠扶持力度应大于民营养老机构。但山东省和济南市对上述两类养老机构没有给予差异化的财政支持，而是采取“一刀切”的方式，设立相同的补贴标准。如在养老机构的建设补贴、运营补贴、税费减免、水电优惠等方面，民营养老机构和民非养老机构获得的政策优惠完全一样。济南市的情况并不是个例，天津、河北、山西等地对民办养老机构的政策扶持均存在上述问题。

由于民营养老机构与民非养老机构享受相同的财政补贴和税费优惠，在政策上又不受政策对民办非企业单位的约束，民间资本举办民营养老机构的意向不断增多。近两年，许多大型房地产公司在济南市新建楼盘配套建立了民营养老机构，积极推行市场化的中高端机构养老服务。因为民营养老机构不仅可以获取政府的财政补贴和相关优惠政策，还可以允许分红、挪用、出售养老机构的资产，能够有效规避市场风险。而按照相关规定，如果注册成为民办非营利养老机构，上述行为是不允许的。在获取同样优惠政策的前提下，注册民营养老机构实际上是市场主体理性选择的一种体现。

机构养老服务具有一定的非排他性和非竞争性，政府应该为机构养老服务创造公平的竞争环境和良好的发展环境。但政府对市场、社会组织扶持政策的失衡，不仅有违社会福利制度“公平性”价值理念，还助长了机构养老服务营利性发展趋向。若民营养老机构形成规模发展趋势，将会与民非养老机构形成竞争，挤占养老服务类社会组织的发展空间，导致付费能力低或无付费能力者得到较低的服务，甚至得不到服务。机构养老服务福利性、公益性的弱化，最终损害公众利益。

三　缺乏顶层设计和部门统筹

目前，虽然济南市的许多机构养老服务政策是由济南市某政府部门牵头，多部门联合行文，但牵头部门没有指挥权，无法发挥主导作用。在缺乏核心领导部门的情况下，由于政府部门之间分工不是十分明确，部门利益倾向和部门保护主义不能完全避免，部门之间缺乏有效的协调机制，难以充分发挥协同功能，导致相关政策无法有效实施。

虽然济南市出台了《济南市职工长期医疗护理保险实施办法》，管理主体涉及人社局、卫健委、财政局三个部门。但由于部门间缺乏统筹，导致机构养老服务与职工长期医疗护理保险的有效衔接不足。《济南市职工长期医疗护理保险实施办法》规定：“无医疗资质的养老机构可按照就近原则选择一家职工基本医疗保险定点医疗机构建立医养联合体，由社会保险经办机构对医养联合体的人员、设备、规模等进行评估后可确认为定点医护机构。”但该文件对医养结合体评估标准的具体负责部门并没有提及，是由济南市医保局出台还是由卫健委负责，或是采取多部门联合评估的方式，一直没有明确说明。

由于医养结合体无法评估，接受机构养老服务的老人，即使属于职工长护险的保障对象，身体状况也符合获取的条件，但由于入住的养老机构没有内设医疗机构，也无法获取长护险的院护补贴。济南市养老机构基于自身资金、人员、设备有限，大多选择与医疗机构合作的方式开展医养结合服务，也就意味着目前济南市绝大多数入住养老机构的老年群体是被排除在长期护理保险制度之外的。老年人的经济承受能力有限，对养老机构的收费价格敏感，作为理性的行动者，必定有一部分老人会以“用脚投票”的方式选择长期医疗护理保险定点养老机构入住。长此以往，因政策缺乏部门统筹导致的机构养老服务与长期护理保险有效衔接不足，将直接影响老年人长期护理保险福利权益的获取，并极易引发养老机构发展不均衡。

第二节　政府履行服务生产责任面临的问题

尽管经过公办养老机构改革，济南市明确了公办养老机构的职能定位和发展方向，但在服务生产责任的履行过程中，仍存在着管理体制僵化、管理人员服务意识淡薄、集中供养层次较低以及城乡公办养老机构服务水平差异较大等问题。

一　管理体制僵化

公办养老机构虽然是独立的事业法人，但运行机制和管理体制采取行政管理的方式。事业单位整体上还是依附于政府，是国家间接行政组织。[①] 实践中，政府仍然在公办养老机构中扮演着全能角

① 管仲军：《面向现代公益事业组织的事业单位分类改革研究》，《北京行政学院学报》2014 年第 2 期。

色，政府对公办养老机构的管理体制僵化引发的问题日益凸显。

济南市公办养老机构没有独立的经营管理决策权，内部的财务、人事管理等重大决策须向上级主管部门申请，经主管部门通过，多部门审批后才可实施。如在资金管理方面，济南市公办养老机构的水电等日常支出采取刷公务卡方式结算，超过 1 万元以上的大额支出，由政府统一招标采购，但程序复杂，须经民政、财政等多部门批准后资金才可划拨。如农村敬老院的资金审批须先经过镇民政办审批后，报分管副镇长，经同意转交给镇财务所再次审批才能完成。这一流程虽然实现了财政资金的公开透明和规范使用，但由于经过多个部门且需多方协商，往往历时较长，影响了办公效率。又如在专业管理人员聘用方面，公办养老机构没有独立招聘权。必须先向主管单位市民政局提出审批，由市民政局审批通过后，报市人社局经审批通过济南市统一的事业单位聘用考试后方可录用。人员录用周期长且招聘专业、人数经多部门核准，最终聘用人员不一定与公办养机构人才需求相一致。

这些问题显现出政府对公办养老机构的法定赋权不足。虽然政府多部门对公办养老机构的趋严管理可以有效预防腐败和国有资产流失，但公办养老机构也无法建立起独立的事业单位法人治理结构。这不仅增加了政府的控制成本、信息成本，也导致公办养老机构发展活力不足、低效运行。

二　服务意识淡薄

机构养老服务具有较强的专业性，需要专业化的管理团队来规划、管理和提供服务。但公办养老机构由于没有自主招聘权，主要负责人、管理人员大多在体制内选择，对于公办养老机构的专业发展具有很大限制性。

济南市福利院属于处级事业单位，主要负责人由市民政局任命，中层以上管理岗位晋升、调整也需市民政局批准。乡镇敬老院院长则由乡镇民政办聘任，由于没有敬老院专职工作人员编制，多数是由乡镇民政所工作人员兼职或村退休干部担任。他们大多未从事过机构养老服务工作，缺乏专业知识和管理经验，且由于职务升迁或岗位调动，任职时间较短，具有一定的流动性，很难全身心投入公办养老机构的管理中。

调研发现，公办养老机构的管理人员对管理工作存在认知偏差，相比提供专业服务，他们更重视机构的行政事务和安全管理工作，他们把党风建设、思想政治建设以及上级指示精神作为工作重点。对于机构的日常管理，则主抓安全工作，严防老人打架和破坏公物。一旦出现安全事件，不仅要对责任人进行处罚甚至调离，责任单位敬老院、上级主管乡镇都要接受相应的行政处分。因此，作为维护社会稳定的最后一道安全线，公办养老机构的管理人员的服务意识显得尤为淡薄。他们将工作重心和单位业绩、个人政绩相联系，公办养老机构的专业管理水平很难短时间得以提高。

三　集中供养层次较低

总体来说，济南市城乡集中供养的层次还相对较低。调研发现，许多公办养老机构管理人员认为：城乡集中供养是政府兜底保障一些无依无靠老人的生活，公办养老机构的主要作用是满足特困老人衣食住行方面的基本物质需要。这种对特困人员供养制度的浅表化理解忽视了经济发展和生活水平提高所产生的基本生活需求层次和内容的改变，城乡集中供养仍停留在基本生活照料层面。

济南市公办养老机构所提供的机构养老服务整体服务质量不高。虽然济南市依据特困老人的身体自理情况分三档向公办养老机构发放个人照料护理补贴，但只有市社会福利院按照规定要求进行分类照护，调研的三家乡镇敬老院均未对入住老人提供分类护理服务。走访的公办养老机构，入住老年人许多患有慢性病，且有5%—20%的老人处于半失能、失能状态，对专业护理服务的需求强烈，但现有护理人员专业素质缺乏，多数没有经过系统的专业培训。他们主要负责一般的生活照料，大多无法提供专业医疗护理和保健康复，而对于老年人的精神生活和心理支持更是缺乏专业认识。此外，老年人的精神娱乐方式主要是看电视、院内简单活动，除过年和重阳节，很少组织活动，精神文化生活贫瘠。

四　城乡公办养老机构服务水平差距较大

由于城乡经济发展水平不同，所建立的公办养老机构的硬件及软件设施也会有所不同。总体来说，城乡公办养老机构差异较大，城市公办养老机构的服务水平远高于农村敬老院。

济南市社会福利院的基础设施较为完备、管理水平和服务水平相对较高。他们根据“三无”老人的身体状况，为自理老人、半自理老人和完全不能自理老人提供分类照护。内部组织管理健全，工作人员相对充足。服务内容方面，不仅提供简单的医疗康复服务，还增设社工岗位为老年人提供心理咨询。

济南市乡镇敬老院大部分设施设备相对简陋，专业护理人员缺乏，仅能对“五保”老人提供一般的生活照料。《农村五保供养服务机构建设的指导意见》规定，工作人员与供养对象需按 1：10 比例配备，调研的三家农村敬老院均刚刚达到最低配比要求。但工作人员不仅是护理人员，还包括院长、厨师、会计、保安等。由于护理人员不足，三家敬老院均未能对“五保”老人进行分类照护。失能老人所需要的升降床、坐便器、轮椅等基本辅助器具也大多缺乏。缺少专业照护以及基本照护设施的情况使农村敬老院的照护服务陷入了困境，“五保”老人多以相互帮助解决生活照料问题。特困失能老人最后的保护网一旦出现疏漏，如果不能及时修复，这类社会最弱势群体的基本生存权就难以得到很好的保障。

第三节　政府履行财政供给责任面临的问题

机构养老服务有别于其他一般的市场服务，它的公共产品属性需要政府承担相应的责任。虽然近年来政府增加财政、人力资源等方面的资源投入，但从济南市的现实实践来看，政府在机构养老服务领域的财政供给责任还有待加强。

一　城乡特困老人集中供养的经费支出不合理

（一）集中供养标准偏低

一直以来，学术界就有关于“五保”“三无”老人供养到底是社会福利还是社会救助的讨论。目前，我国对“五保”“三无”等城乡特困人员的供养坚持适度保障的原则，是鉴于长时间经济发展水平而制定的。济南市民政局统计数据显示，2021年农村居民人均可支配收入22580元/年，而同期农村五保集中供养人均生活标准为14148元/年，农村最低生活保障标准为8112元/年。2019年城镇居民人均可支配收入57449元/年，而同期城市“三无”老人的供养标准为16272元/年。另外根据特困老人的身体状况，每月给予机构一定的照料护理补贴。照料护理标准按照自理、半自理和完全不能自理分三种档次，自理标准2772元/年，半自理标准4620元/年，完全不能自理标准9240元/年。[①] 由上述数据对比可见，虽然照料护理补贴的实施在一定程度上提升了特困人员集中供养水平，但无论是农村还是城市，集中供养标准只是略高于低保标准，但都远低于城乡居民人均可支配收入。因此，“五保”“三无”老人的供养从属性来看，归属较高水准的社会救助类别。

“五保”“三无”老人是最弱势的社会群体，完全的依赖性是他们的基本特征。他们无经济来源，需要完全依赖政府的兜底保障才能生存。但是，许多老人身体素质较差，生活尤其是医疗开支会高于其他群体。虽然政府提供医疗救助，但仅限于住院时期，日常因疾病所需要的医药费涵盖在特困人员集中供养资金之中。由于老年人所需要的基本药品，如感冒、咳嗽的常用药和高血压、心脏病、糖尿病等慢性病用药需要敬老院长期负担，医疗费用支出占供养资金的很大比例。政府拨付的生活补贴，仅能保障老年人的基本生活。在生活补贴有限的情况下，为满足老年人的基本医疗需求，部

① 济南市民政局统计数据。

分敬老院甚至利用院内空闲土地，通过院内“五保”老人自我耕种的方式来降低生活成本。

在适度普惠的福利理念下，虽然政府从财政上保障了“五保”“三无”老人的基本生活，但生活质量无法完全保证。城乡特困老人未能完全分享经济发展和社会进步所带来的发展成果，他们的生活水平尚待提高。因此，要想真正保障“五保”“三无”老人的生活水平还必须考虑当地居民生活水平因素。

（二）城乡集中供养标准差异较大

政府对济南市城乡特困老年群体承担兜底保障的责任，他们的基本生活及照料服务由公共财政给予保障。但城乡分割的社会结构导致了城乡二元的机构养老服务体系，济南市城市“三无”老人的供养标准远高于农村“五保”老人。近十年以来，除 2014 年和 2020 年，特困人员供养标准的增长额，农村高于城市，其余年份均低于城市，且双方差距有不断扩大的趋势，这在一定程度上凸显了政府“重城市、轻农村”的倾向。在农村经济发展水平和社会福利体系比城市落后的情况下，城乡特困人员供养标准较大的差异，有违社会福利的公平准则。

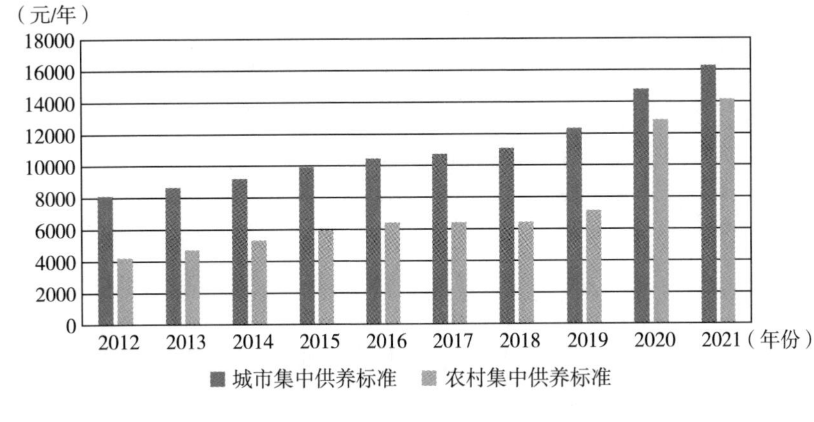

图 5-1　济南市历年城乡特困人员供养标准

资料来源：济南市民政局统计数据。

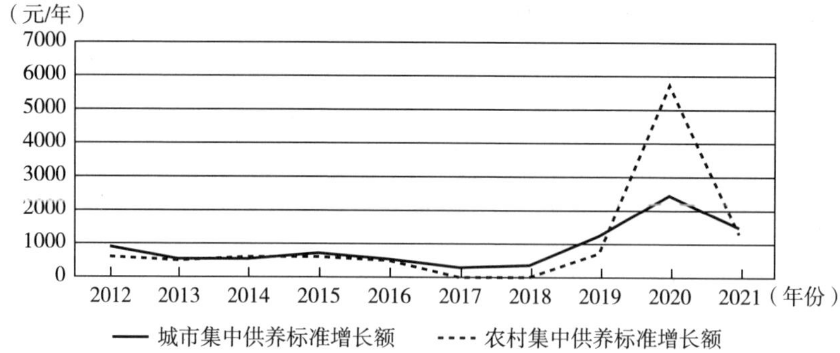

图 5-2 济南市城市与农村特困供养标准人均增长额

资料来源：济南市民政局统计数据。

二 对社会力量的财政支持有限

多国的发展经验证明，福利多元化和准市场模式作为机构养老服务的变革策略，其地位和作用毋庸置疑。政府财力有限，把机构养老服务作为全社会的责任理念，可以调动社会资源投入，满足老年人多层次的机构养老服务需求。从人口老龄化和社会转型所带来的问题的角度看，在资金投入方面发挥主要作用的应该是政府。一方面因为机构养老服务属于公共服务，政府要对成员承担基本的保障责任；另一方面与我国的非营利养老服务组织发育不完善有关。但在当前多元责任共担的模式下，政府虽然通过专项补贴、税费优惠等方式给予了一定财政支持，但非常有限，甚至存在政府财政向社会市场转嫁的倾向，主要体现在以下两个方面：一是财政补贴标准不高，难以保障民非养老机构的福利性；二是鼓励和引导社会资本的资源支持机制不合理，在一定程度上抑制了社会力量参与机构养老服务的积极性。

（一）财政补贴标准不高

近年来，政府为推动机构养老服务行业的社会化发展，对民办养老机构实施了养老机构建设补贴、运营补贴、税费减免等一系列优惠政策。调研发现，政府虽然对济南市民办养老机构给予了财政补贴，但与养老机构自身前期投入相比，补贴标准偏低，且补贴标准未随经济发展水平和政府重视程度有所提高。由于养老机构建设前期需要专业化的基础设施，如安装消防设备、进行适老化改造，资金投入非常大。相比养老机构自身的资金投入，政府对养老机构的财政补贴力度非常小，甚至不及养老机构建设投资总额的10%，个人出资与服务收费成为民办养老机构、公建民营养老机构合作方的主要资金来源。

由于政府的资金补贴力度小，单一的筹资渠道常常迫使非营利养老机构产生通过市场获得营利性补偿的需求，陷入“志愿失灵”的困境。当营利的需求与非营利性的要求同时出现，非营利养老服务机构在现实中不得不面临着“福利性”与“盈利性”的抉择，这种行为实际上背离了非营利养老机构需承担公益性责任目标的政策初衷。不仅会带来机构养老服务公益属性偏离的风险，还会使得养老服务机构常常处于低水平运营的状态，以致机构养老服务的服务内容单一、服务专业性不足，难以满足社会公众的机构养老服务需求。最终成本将转嫁给服务对象，损害社会整体福祉。

（二）尚未形成有效的财政补贴机制

在推进机构养老服务的建设过程中，虽然政府出台专项资金补贴政策减轻机构养老服务供给主体的经济压力，但从实际运行情况看，由于财政补贴机制不合理，导致对后续运营发展缺乏长效投入机制、优惠扶持政策缺乏实施细则。这些问题的存在不仅阻碍了财政补贴制度的顺利实施，还在一定程度上抑制了社会力量从事机构养老服务的积极性。完善的机构养老服务的财政补贴机制至今尚未形成，还有待相关部门的制度完善。

1. 对后续运营发展缺乏长效投入机制

开办养老机构是一项需要长期投资的社会事业，养老服务设施设备的更新、消防安全的改造升级等均需要持续的资金注入。尽管各地政府积极推进机构养老服务补贴制度，但缺乏长期可靠的财力保障。济南市的养老机构建设补贴仅是一次性补贴，而运营补贴，也仅是在开办前三年补贴，后续不再发放，政府的财政补贴缺乏可持续性。养老机构的后期运营基本依靠收费和民间资本的不断投入来维持。机构养老服务补贴机制的关键是政府稳定长期的公共财政支持，政府未能考虑机构养老服务行业的微利性和正外部性特征，对其采取的补贴缺乏长效投入，导致机构养老服务在政府财政支持缺乏的情况下极易偏离福利性和公益性的产品属性。

2. 优惠扶持政策缺乏实施细则

近年来，政府有关鼓励民间资本投资机构养老服务业的政策导向异常鲜明，包括优先保障用地供应、税费减免、水电优惠等。但这些支持政策多为原则性、宏观性指导，缺乏实施细则，在一定程度上影响了优惠政策本身的效力。

在实践当中，相关支持政策在落实时经常面临各种掣肘，主要表现为优先保障养老用地政策难以兑现、税费减免优惠政策部分落实、金融贷款优惠落实困难三个方面。调查了解到，虽然有济南市出台非营利养老机构的土地划拨政策，但济南市政府从未以行政划拨方式的形式给予非营利养老机构土地。税费减免优惠方面，所调查的 6 家非营利养老机构，有 1 家养老机构的电费和水费、2 家养老机构的水费民用价格优惠没有解决。有 2 家非营养老机构曾向银行申请过贴息贷款，虽符合条件，但未能成功。访谈的几位养老机构负责人曾联系民政主管部门与供水、供电、银行部门协调，但仍旧沟通不畅，供水、供电、银行服务部门以不符合规定拒绝，优惠扶持政策至今不能完全落实。

政府制定优惠政策的出发点是为了降低非营利养老机构的运营成本，增加其服务的福利性和可得性，但是因为优惠政策的设计并未通盘考虑相关部门的状况、利益，没有设计好实施和应对方案，妥善处理部门之间的协调问题，政策缺乏实施细则，致使优惠政策实施过程中遭遇了制度阻碍。政府和供水、供电、银行等服务部门的分配机制不同，存在利益博弈。供水、供电等部门以利益分配为主要原则，民政部门与上述部门没有行政隶属关系，作为主管部门的主要职责是协调沟通。职责权限范围内，民政部门没有指挥和命令这些部门的权利和能力，其结果毫无疑问地遭遇到执行过程中的壁垒。在政策存在模糊、不明的状况下，往往导致政府承诺的财税优惠难以兑现，成为政府失信违约的一种表现。政府责任履行不力，不但与上级政府的制度目标偏离，还会忽视应受益的非营利养老机构的合法利益，不利于机构养老服务的发展和政府公信力的建立。

三　政府间财政资金投入结构有待优化

（一）各级政府间财政责任分配失衡

为了机构养老服务的良性发展，各级政府均对机构有一定的资金投入。机构养老服务资金项目繁多，来源复杂。既包括城乡特困老人的集中供养经费，也有对社会组织以及市场主体的专项财政扶持。但总体上看，在机构养老服务的出资方面，各级政府机构养老服务的财政责任分配处于失衡状态。

1. 中央财政支持乏力

中央政府虽然集中了最多的财政资金，但对机构养老服务的财政支持，无论是项目还是分担比例都最少。中央财政仅对山东省农村特困集中供养老人有转移支付且转移支付力度较小。从山东省民政厅调查了解到，自 2016 年以来，中央每年下拨资金 46 亿元支持山东省农村特困老人、孤儿等 8 类困难群体的救助。但每一类分配比例并不固定，具体要根据每类困难群体的变动情况来确定。中央对机构养老服务的相关补贴，只有农村特困人员，中央及省级财政每年对济南市农村特困人员的资金转移支付约占资金总额的 30%，没有其他方面的支出。相比财政收入比重，中央财政对机构养老服务的财政支持乏力，2021 年中央公共预算收入 91462 亿元，地方公共预算收入 111077 亿元，中央财政占国家财政预算的比重高达 45. 16%，但在机构养老服务中的公共支出，无论从项目数量来看还是从分担比例来看，与其财政汲取能力不对称。

2. 省级财政支持相对不足

要完成机构养老服务建设的发展目标，主要靠地方财政支持。

省级政府作为地方政府的最高层级，从分担项目来说，虽然相对中央财政，省级财政增加了机构养老服务的建设投资、人员培训等补贴项目，但大多是一次性或短期补贴，财政负担的压力不大。而长期资金支出方面，从分担比例来看，依旧相对不足。农村特困老人集中供养资金，省级以上财政仅负担30%。农村公办养老机构的运营，省财政也仅补贴每人8.5元/月电费。省级财政还将城市特困老人的集中供养资金下移给济南市财政负担，省级政府并没有任何财政支持。

3. 县乡财政支出压力过大

在资源禀赋方面，乡镇政府行政区域内以农村地区为主，经济相对欠发达，财政的汲取能力不足，但却承担了过多的农村集中供养的兜底保障责任。除省、市少量的运营项目补贴，济南市乡镇敬老院日常运转费用几乎全部依靠县乡两级财政支撑，且以乡镇财政为主。区县政府根据乡镇财政状况仅补贴20%—30%，其余由乡镇财政补足。乡镇财政能力整体偏弱，一些农村落后地区的乡级财政捉襟见肘，很难对机构养老服务提供足额的财政投入。由于部分乡镇财力不足，无力支付消防设施改造升级费用，济南市关闭多家敬老院。即使是正常运转的敬老院，乡镇财政也难以支撑。调研的三家敬老院，均存在服务对象生活保障水平低、基础设施落后、未进行分级护理、专业护理人员配比低等问题，这实际是乡镇财政困难的现实写照。我国农村集中供养标准本来就偏低，仅能保证服务对象的基本生活和照料，外加乡镇财政困难，更使得“五保”供养质量难以确保，机构养老服务仍处于社会救助水平。

（二）区县间资金投入不均等

虽然《中华人民共和国宪法》规定各级政府均负有公共服务职责，济南市区、县政府也对本区域的机构养老服务有一定的资金投入，但面临“财弱事多”的困局，均未能将机构养老服务的财政支出纳入本级财政预算制度。在缺乏硬预算约束的运行环境下，对机构养老服务支出的多寡往往取决于本级财政汲取能力。一般来说，经济越发达的区县，对机构养老服务的专项财政投入越高。济南市经济状况最好的两个区对机构养老服务的财政支出明显高于其他区县。而经济落后的区、县的机构养老服务补贴相对较少，个别县甚至连续三年未发放机构养老服务的专项补贴。区县间资金投入不均等一定程度上导致济南市机构养老服务资源分布不均，经济发达区县的机构养老服务基础设施、服务水平整体较高，而落后区县的养老机构发展相对缓慢，一些本应扶持的消防改造等项目无法推进，不利于机构养老服务均等化目标的实现。

第四节　政府履行监督管理责任面临的问题

从福利国家经验看，建立适宜的管理体系，对机构养老服务的运行进行有效监管是政府的一项重要责任。这不仅是政府职能发挥的必然要求，还有利于促进机构养老服务的良性健康运行。目前，济南市在各级政府的努力下，设立了常态化的机构养老服务组织管理体系，也出台了一系列的监管制度，机构养老服务的监管覆盖资金监管、安全监管、服务质量监管等诸多环节。但政策法规的落实需要一个过程，政府在履责过程中存在的诸多问题也不能忽视。

一　监督管理体系缺乏规范性

官僚体制的非人格化和标准化取向是保障机构养老服务运行有序、高效的重要条件。在济南市现有制度框架下，政府在机构养老服务中的组织、监管体系尚处在理性官僚化不足的状态，缺乏规范性的现状导致政府相关部门的监管能力有限。

（一）基层政府部门组织规模受限

近年来，随着济南市机构养老服务的快速发展，相关职能部门的工作量成倍增加，但基层政府部门的组织规模并没有随之扩大。调查发现，虽然省民政厅、市民政局均设立社会福利处负责养老机构的专项工作，但济南市许多区县民政局并未按照“上下对口”的行政配置原则，设置与上级主管部门对口的社会福利科，也没有专职人员分管机构养老服务业务，工作人员兼职负责养老服务工作是一个比较普遍的现象。这主要是编制内工作人员不足造成的，市民政局与区县局的关系主要是业务督导和检查，人员数量配置主要由各区人力资源局决定，并不在民政部门工作范围内。

在政府理论中，“政府管理的幅度”主要指在其管理层次既定的条件下，一个政府具体管辖的地域范围、人口数量、事务巨细繁杂等。由于行政编制不足，机构养老服务的基层主管部门管理幅度过宽，经办工作人员常处于工作超量状态。一旦出现业务工作范围扩大、专职人员缺乏，就可能引发管理机构超负荷运转，最终导致管理效率下降。

（二）行政人员的专业化水平较低

政府管理人员的专业水平和工作能力是预防政策执行偏差、增强政策执行有效力的重要保障。机构养老服务专业化极强，需要一定的专业背景。而机构养老服务的监督管理体系基本是“行政化”的，专业性缺乏。调查发现，政府部门工作人员的学科背景与机构养老服务的专业性匹配度极低。如济南市卫健委负责养老机构医疗资质审核工作的科长是军转干部；市医保局分管长期护理险业务的科长大学所学专业是中文；某区民政局负责具体机构养老服务具体事项的科长和工作人员，一人是工民建专业，另一人是会计专业，几乎没有人的学科背景符合机构养老服务的专业要求。

由于缺少机构养老服务的专业学习，主管部门对机构养老服务的监管明显力不从心，出现了工作过程中对机构养老服务的程序审核、资质鉴定把控不严等问题。如当需要运用医疗护理等学科知识对养老机构的服务质量进行检查时，常常遇到专业性难题。如由于缺乏医护知识，专业管理人员对老年人失能、半失能状况难以进行专业区分，影响了机构养老服务质量的评估效果。这种非专业的监管方式无法实施有效监管，极易造成监管不到位或监管流于形式，难以达到对机构养老服务科学有效管理的目标。

二　分散监管模式尚未形成系统的监管合力

在济南市的政府机构序列中，已经建立了机构养老服务常态化的组织管理体系，涉及民政、卫计、市场监管等多个政府职能部门，各部门从各自职能角度以专项或联合督查的形式，围绕机构养老服务的安全管理、服务质量等开展监管工作。但调研发现，政府尚未形成系统的监管合力。

（一）多头决策缺乏有效协调

机构养老服务具有复杂性和多样性，济南市机构养老服务的监管工作由民政、市场监管、消防等多部门分管负责。从理论上说，多头决策的后果是没有真正的责任主体。不同政府部门之间缺乏有效的协调机制，难以产生有效的约束力。

虽然养老机构的监管，一直在强调民政、消防、卫健、市场监管、住建以及公安六部门联合专项整治，但实际工作中各部门基本还是各自为政，两个部门联合执法的情况都很少存在。由于部门之间缺乏有效协调，常常导致信息不透明、沟通不畅等问题。如涉及养老机构安全的消防设施检查工作，属于消防部门的职责范围，但消防部门对养老机构消防设施的检查结果，并不反馈给养老机构的主管单位——民政部门。由于民政部门无权掌握到消防部门对养老机构的消防验收情况，导致民政部门对养老机构的安全管理十分被动。

基于行政资源的划分和职责权限，不同政府部门的机构养老服务职能范围存在差异。但养老机构的主管单位——民政部门并不具备协调多部门的能力，也没有被赋予整合多部门的权力。这种横向的“块块”协调困境，不仅导致各部门之间职能交叉重合、纷繁复杂，也在政策执行过程中异化了机构养老服务的最初政策目标。

（二）同类事务分别管理低效混乱

公办敬老院和民办养老机构虽然服务对象和运营方式不同，却均归类为养老机构，但被民政系统内部划归分为不同业务单位分别管理。济南市“五保”“三无”特困老人的救助及公办养老机构的管理划归省民政厅、市民政局、区（县）民政局内部的社会救助管理部门负责，民办养老机构的财政补助、各类养老机构的监督管理、机构养老服务的相关政策制定则由省民政厅社会福利处、市民政局社会福利处、区（县）相关业务科室承担。

公办养老机构和社会化养老机构分部门管理实际反映了新制度经济学的交易费用问题。德尔曼曾指出，交易费用包括搜索信息的费用、协商与决策的费用、契约费用、监督费用、自行费用和转换费用。[①] 民政系统的救助部门和社会福利部门因业务交叉，不同程度重复参与公办养老机构的管理工作，由此带来的工作量增加及相对应的行政资源占用，导致行政资源浪费和行政效率低下。此外，由于分部门管理，部门间信息不对称和沟通不畅，容易造成业务衔接不足。如社会福利部门经办人员不掌握敬老院老人的数量、待遇等关键指标及相关救助政策，难以实现社会救助和机构养老服务业务的有效衔接。

三 相关监管制度有待完善

詹姆斯·安德森曾说："行政机构常常是在宽泛的和模棱两可的法令下运行的，这就给他们留下了较多的空间去决定做什么或者不做什么。"[②] 目前，济南市对机构养老服务的监管制定明显滞后，没有将相关行业规范和管理办法具体化为可操作性的实施措施，导致硬性的政策规定面临着实践中的软执行，影响了政府监管的履行能力。

（一）缺乏对民非养老机构资产及收益的有效监管

民非养老机构作为非营利性社会组织，按照《民办非企业单位登记管理暂行条例》规定"不得从事营利性经营活动""任何单位和个人不得侵占、私分或挪用民办非企业单位的资产"，民非单位

---

① Dahlman, C. J., "The Problem of Externality", *Journal of Legal Studies*, Vol. 22, No. 1, 1979.

② James E. Anderson, *Public Policy - Making*, *Orlando*, Florida: Holt, Rinehart and Winston, Inc, 1984.

的合法收入“必须用于章程规定的业务活动”。但是规定内容相对宏观，并没对养老机构资金来源、收入分配、债务、所有者权益等方做出明确的规定。在地方实践过程中，济南市也没有将此项规定具体化为可操作性的地方政策。

由于缺乏具体的规定，基层民政部门在实践中对民非养老机构的收益分配处于无章可循、无法操作的状态。在缺乏政府规制的情况下，很多民办养老机构都在采取违规操作进行政策规避以获利。如民非养老机构按照规定不可以分红，但因养老机构运营账目容易篡改，民政部门也没有执法权，真实情况难以获知。又如按照相关规定民非养老机构不能进行资产买卖，但养老机构注销后的资产流向，济南市并没有相关具体规定，一般都是由养老机构经营者决定。在此种情境下，我们很难提炼出民非养老机构的公益性成分，也很难区分其与商业性养老机构的差别。在很大程度上，这种现状与政策缺乏可操作性有直接关系，不利于政府对机构养老服务的福利性和公益性维护。

（二）公建民营养老机构的监管内容不明确

从监管的内容来看，公办养老机构经公建/公办民营改革后，政府对公建/公办民营养老机构的监管应涉及服务内容、服务价格、服务质量，还包括国有资产的保值增值、运营状况、财务状况等。但从济南市目前的实际情况来看，政府对公建民营养老机构的监管内容不明确、规范缺乏。政府对公建民营养老机构合作方的监管主要是服务质量和安全的监管，主要是民政、消防等政府相关部门对机构的定期检查。对合作方的评估标准、处罚机制还不健全，特别是有关运营方退出的标准和惩戒措施还没有明确规定。对原乡镇敬老院原有“五保”老人的服务质量和资金均存在监管缺失。对政府所提供的土地、房屋、基础设施等国有资产的监理，也仅限于评估、造册、期满后收回等措施，没有具体的监管要求和细则。

由于公建民营养老机构的监管内容尚未明确，因政府责任意识不足，公建民营的委托方政府对公建民营养老机构的监管过程中出现缺位、越位等问题。如调研的某公建民营养老机构委托方政府抱有甩包袱的心态，机构养老服务几乎完全交给市场来管理，疏于对国有资产的监管和对老年人的服务质量监管。而另一公建民营养老中心的委托方政府则基于防范合作方损害和侵吞国有资产的考量，过度干预公建民营合作方的日常运营和财务管理工作。因此，无论是政府在公建民营合作过程中越位还是缺位，都会因监管内容不明确而削弱政府实施有效监管的能力。

四 监管过程存在漏洞和不合理

监督机构养老服务的运行是政府的一项重要责任，也是维护机构养老服务良性运行的保证，但政府在机构养老服务监管过程中还存在漏洞和不合理现象，具体表现为资金监管失责和监管内容存在偏好。

（一）资金监管失责

机构养老服务的资金补贴由省、市两级政府财政提供，但补贴资格的审核部门却是区县政府或乡镇政府。这种上级政府兜底负责的财政供给模式对于基层政府而言，存在着巨大的道德风险，基层政府加强监管的内生动力不足。由于缺乏风险和责任约束，调查发现，无论是农村“五保”老人的集中供养资格，还是对民办养老机构的补贴资格，均存在政府的监管失职。

一是“五保”老人资格审核不严，将不符合集中供养条件的老人纳入城乡特困集中供养范围。调研的多家敬老院均存在这种情况，如某敬老院的两名被子女弃养的老人被当地镇政府纳入集中供养范围。另一敬老院则有 1 名高龄老人因子女患病也被集中供养。当地镇政府及相关部门秉持特殊情况特殊救济的工作态度，将不符合条件的困难老人通过“五保”资格审核，最终获得集中供养资格。虽然这些老人情况特殊，家庭无法提供经济扶持和生活照料，政府也是出于救助的善意，但并不符合农村“五保”老人的条件。

二是对民办养老机构补贴资格审核结果存在虚报情况。济南市规定，民办养老机构的满意度要达到 90%以上才有资格领取，虽然满意度标准要求较高，但几乎所有养老机构都能达到标准，基层民政部门的非正规操作手段成为促使这一目标达成的重要助推。调查了解到，区（县）、街道的相关民政部门每年都有上级指派的新建养老机构床位任务，为完成工作指标，与民办养老机构经营者之间形成了相互依赖的合作关系。他们以现场作答、劝说、修改数据等方式提升养老机构满意度，帮助民办养老机构获取补贴资格，之后再督促民办养老机构帮助完成新增床位指标任务。

机构养老服务的审核部门是区县及以下的基层政府，资金却来自省市政府。这是一种典型的权责脱节的公共资金管理体制。在省市民政部门审核不力的情形下，这既助长了政府对机构养老服务公共投入的管理松弛，又加重了省市财政的负担。地方基层政府的监管不力导致了公共资金规制的纰漏。

（二）监管内容存在偏好

为了促进养老机构良性发展，政府采取综合监管的方式对养老机构进行定期检查。但调研发现，政府对机构养老服务的监管内容具有偏好选择，表现为重“安全监管”轻“服务质量监管”。

从养老机构负责人反映的情况看，民政、消防、卫生等多个政府职能部门虽然监管职责不同，但对养老机构的监管，无论是内容还是频次，均以安全监管为主，重视用电、消防栓等安全设备以及饮食安全的检查。相比安全监管，对服务质量方面的专项检查非常少。调查中我们了解到，民政主管部门对养老机构的服务质量监察多以“提前打招呼”的方式对其进行通知，有关服务管理方面的监管流于形式。现场监管主要对便于观察、容易量化的操作性指标，如对养老机构的统计数据进行检查，而对于养老机构实际运行情况并不深入了解，服务质量监管流于形式。

政府偏好反映了基层政府的在履行监管责任的价值排序，民政部门的主要工作目标是达到上级部门要求，其次才是对监管质量的追求。为实现制度目标，出于自利性，政府部门利用信息、资源以及组织的强大优势，对监管制度的执行采取不违背制度约束范围的行为。政府对于监管内容的偏好以及重视程度的差异，与其工作的重点、责任目标及工作任务不可分离。安全问题直接关系到服务对象的生命和财产安全，如若出现安全监管问题，尤其是发生伤亡事故，将会面对群众的严厉问责和质疑，直接损害政府的公众形象。相对而言，政府对服务质量监管虽然牵涉服务对象的满意度，但不涉及根本性问题，而且服务质量涉及人员、环境、硬件设施等多方面指标，评估中存在操作困难，很多维度和力度不容易把控。因此，与服务质量相比，政府对养老机构的监管更加重视安全。其行为具有一定的政治导向性，这在一定程度上导致政府监管方向的偏离。

第六章　机构养老服务中政府履责问题的成因

机构养老服务在社会福利社会化改革的推动下，逐步改变了计划经济时代仅依靠政府财政资助、完全由国家包办的局面，通过引入社会力量，逐步形成政府主导、市场、社会组织共同参与的发展局面。但总体来看，目前我国政府在机构养老服务中的责任定位及责任履行还存在着诸多问题。政府在机构养老服务中的责任作为正式的制度化安排，其所承担的责任与本国的社会福利模式有密切联系，并随着社会背景与社会需要等要素的变化而不断做出调整。因此，政府在履责过程中所产生的问题，并不是单独由某一因素所造成，而是需要结合本国的经济、社会及政策环境等综合因素进行探究。政府在机构养老服务中的所产生的责任问题实际是责任理念偏差、财政资源限制、组织管理体系局限以及政府与社会疏离关系四方面所造成的（见图 6-1）。

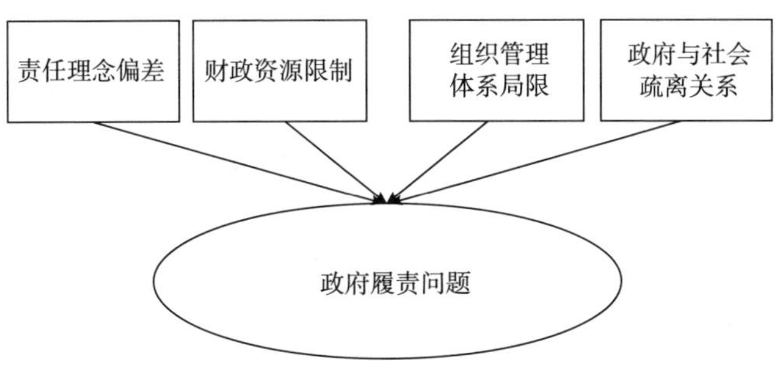

图 6-1　政府履责问题的成因

第一节　责任理念的偏差

从机构养老服务的历史变迁过程来看，政府的责任理念是影响政府责任定位的关键因素。但现阶段，受限于发展主义理念的制约以及机构养老服务社会化的逻辑偏误，我国政府在机构养老服务中的责任理念出现偏差，影响着机构养老服务责任的实现。

一　发展主义理念的制约

政府在机构养老服务中的责任由于带有“应然”的含义，其内容和强度的变化受限于福利模式的逻辑框架。中国社会福利制度与发展有自己独特轨迹，受到政府决策的主流意识形态的重要影响。作为后发展国家，通过发展解决问题成为一种重要理念。尤其是改革开放以来，经济发展处于国家发展战略的首要地位。经济改革前期所倡导的“允许一部分人先富起来”的国家经济发展政策以及把经济发展作为地方政府考核的关键指标，导致许多地方政府的工作转向经济建设，专注于经济发展，出现重经济发展轻社会发展的倾向。政府的经济建设偏好限制了财政对公共服务的支出，出现了包括机构养老服务在内的公共产品供给总量不足，结构失衡、机制不完善等普遍存在的问题。

虽然提供公共产品和公共服务是政府的职责，但受社会公共问题多样性和资源稀缺等因素的制约，政府在面对医疗卫生、教育、养老服务等公共服务等诸多事务时，其角色往往是混合、多元且复杂的，需要权衡实际情况进行次序安排和选择。公共产品具有一定的外溢性，不同的公共产品外溢性不同。在“发展主义”理念的战略导向下，政府更愿意投资外溢性更强的公共产品，财力分配缺乏公平性和科学性。政府对具有促进经济发展、人力资本投资价值的教育、社会保障的财政支出远高于经济溢出性弱的其他领域。以2021年国家财政支出的项目构成为例，教育、支出占公共财政支出比例最高，高达 15.3%，而作为第二大支出项目的社会保障和就业支出比重也已达 13.7%，远高于其他分项目（见图 6-2）。①

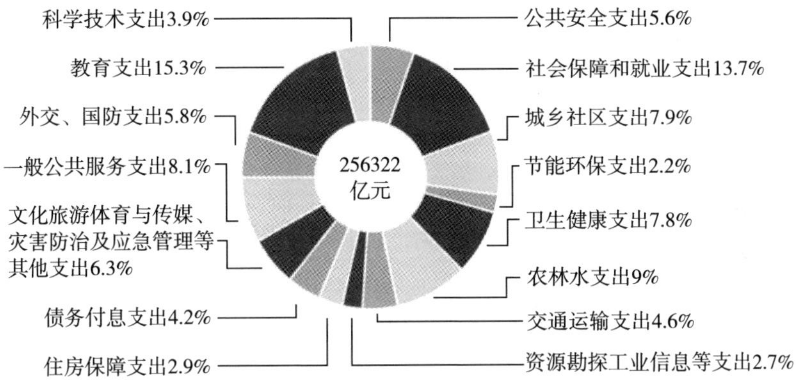

图 6-2　2021 年国家财政支出分项目构成

资料来源：《中国财政年鉴 2022》。

作为社会福利的重要组成，机构养老服务的外溢性较差，长期来看对促进消费升级和经济结构调整大有裨益，但短期则对经济发展的效果不明显。虽然机构养老服务通过社会化改革正向适度普惠型转变，但现阶段仍以补缺型福利模式为主，具有被动性。政府在机构养老服务中所承担的是一种有限的、消极的责任。政府对机构养老服务的重视程度相对不足，处于政府所有公共事项序列中的后序位。由于机构养老服务并没有单独列出，仅是作为民政事业费中的子项目，本书通过对民政事业费的财政支出来间接反映政府对机构养老服务的资金投入情况。在政府对公共产品整体投入不足的前提下，最弱势的民政事业费支出比例低。尽管民政事业费的公共财政支出总额逐年上升，但就所占国家财政支出的比例而言却没有产生质的变化，多年以来一直保持在 1.8%—3%的比重，远低于其他公共服务项目，且近年来有不断下降的趋势。以上统计数据说明目

① 《中国财政年鉴 2022》。

前我国政府对公共产品的不同优先次序导致财力分配的结构性失衡，是一种“重发展”的财政支出结构。民政事业费的相对有限直接制约了政府在机构养老服务领域的财政责任履行。这种财政投入情况，与老龄化以及迅速增长的机构社会服务需求不相适应（见表6-1）。

表 6-1　　民政事业费支出占财政支出比例　　单位：亿元,%

指标	2012 年	2013 年	2014 年	2015 年	2016 年	2017 年	2018 年	2019 年	2020 年	2021 年
民政事业费支出	3683.7	4276.5	4404.1	4926.4	5440.2	5932.7	4076.9	4279.2	4808.2	4679.0
占国家财政支出比重	3.0	3.1	2.9	3.3	3.4	2.9	1.8	1.8	2.0	1.9

资料来源：《中国民政统计年鉴 2022》。

二　机构养老服务社会化的逻辑偏误

机构养老服务的“社会化”推进过程实际与福利多元主义强调的“分权”有近似之处，均涉及政府福利责任的重新分配，主要表现为福利供给由公共领域向私人领域的转移。但不同于西方福利国家应对财政危机的主动改革，机构养老服务的社会化是配合经济社会制度改革以及应对老龄化危机所做出的社会政策选择，是由国家顶层设计自上而下建构起来的，而不是自发形成的。其改革步伐及改革力度与社会经济体制的改革情况以及社会结构变动状况密切相关，具有一定的被动性和配套性。政府虽然认识到市场和社会组织是机构养老服务的重要供给主体，但却因机构养老服务社会化过程中的逻辑偏误，没有充分认识到当前市场主体和社会组织的发育不足，平衡好与市场、社会组织的关系，在相关政策制定、财政资源提供、监管规制等方面出现偏差。

与西方福利国家进行福利改革时所拥有的健全完善的市场经济制度、独立发达的第三部门明显不同，我国机构养老服务供给的重要两翼——市场与社会组织，在机构养老服务社会化启动时，发育成熟度远远落后于西方福利国家。在计划经济体制向市场经济体制转变中，市场机制并未建立完善，其发展程度与西方自由主义成熟理念下建立发展的市场机制相差甚远。机构养老服务具有的准公共产品属性决定了机构养老服务的社会化改革路径不能以发展市场为重点，社会组织举办的非营利养老机构逐步成为机构养老服务的重要供给主体。但与西方福利国家非营利组织所具有的组织性、志愿性、利润非分配性等典型特征不同，我国非营利组织发育相对并不成熟。受计划经济时期国家所建立的项目齐全、相对完善的单位保障制度以及国家“大政府、小社会”的管理理念的制约，其发展空间相对有限。民非养老机构的社会举办力量多是普通民众，资金有限，以个人独资或合伙经营的方式从事养老服务。创办养老机构多以谋生为目的，与非营利组织不以营利为目的主要宗旨相违背。①

政府在机构养老服务的社会化推进过程中，却没有正视市场不完善、社会组织发展空间有限、发育不成熟的现状，反而采取“政府让渡空间，机构自由发展”的发展策略，在机构养老服务的服务供给中，将市场、社会组织推到前沿地位，过于依靠市场及社会组织来发展机构养老服务，将“社会化”的重点放到发展社会力量以及民间资本自我筹资上。出台的政策规定多以鼓励发展为主，实质性的监管规制或财政支持的专项内容却很少。政府对养老服务类社会组织发展定位的偏差，致使政府与市场、社会组织在机构养老服务中的责任结构失衡，政府的地位和作用被不断边缘化。

① 董红亚：《基于主体弱势化的民办养老机构发展研究——以浙江省为例》，《中州学刊》2013 年第 5 期。

第二节 财政资源的限制

机构养老服务的顺利推进需要政府具有充足的财政资源，然而我国政府对机构养老服务的资金投入整体不足，且存在城乡非均等化和各级政府财政责任失衡等问题。究其原因，主要是国家财力相对有限、政府间事权划分不明晰以及财政转移支付体系不完善造成的。

一 国家财力相对有限

与西方福利国家进行福利改革时的坚实经济基础相比，我国是在未富先老的情况下启动了社会福利社会化改革。2000 年我国正式进入老龄社会，同年开始全面推进社会福利社会化改革进程。虽然当时国家的经济实力显著增强，已跻身世界第七大经济体，但作为人口大国，人口众多，人均国内生产总值远低于世界平均水平。2000 年时，我国人均 GDP 仅为 959 美元，远低于世界平均水平 5483 美元，而世界主要国家，包括日本、美国、法国、英国、德国等达到 1 万到 3 万美元时，才进入人口老龄化。[①] 这种未富先老的国情，决定了政府在应对人口老龄化、全面推进机构养老服务发展建设的过程中，无法投入过多的财政资源。

国家经济资源相对不足，政府的财政收入也受到限制。从表 6-2 可以看出，国内生产总值（GDP）按当年价格计算，由 2012 年的 538580 亿元增长到 2021 年的 1149237 亿元，增长了约 2.1 倍，同期财政收入则由 117253.5 亿元增加到 202539 亿元，增长仅 1.72 倍。而同期财政收入占 GDP 的比重，则从 21.77%降到 17.62%。出现了经济增长慢且财政收入增长缓慢、财政收入规模相对缩小的

---

① 张熠：《国际社会保障动态——积极老龄化战略下的社会保障》，上海人民出版社 2017 年版，第 245 页。

现象。从国际上来看，发达国家在20世纪80年代中期以来，财政收入占GDP的比重约在45%—50%，比重相对低的国家，比如美国与日本也都达到30%。[①] 中国财政收入占GDP的比重长期偏低，说明我国政府的财政资源不足，政府的总体调控能力也就不会强。这样一种低水平的财政收入格局与国际上财政支出比重日益上升的趋势相悖，会制约和影响政府在经济、社会等方面的履责能力，也从根本上制约了政府在机构养老服务中的财政供给水平，因此机构养老服务在短时间内很难改变“补缺型”福利特征。

表6-2　　财政收入、GDP总量及财政收入占GDP的比重

单位：亿元,%

年份	财政收入	GDP总量	财政收入占GDP比重
2012	117253.5	538580	21.77
2013	129209.6	592963	21.79
2014	140370	643563	21.81
2015	152269.2	688858	22.10
2016	159552	746395	21.38
2017	172567	832036	20.74
2018	183352	919281	19.95
2019	190382	990865	19.21
2020	182895	1013567	18.04
2021	202539	1149237	17.62

资料来源：《中国财政年鉴2022》。

二　政府间事权划分不明晰

按照公共产品层次性及收益原则，根据不同层级政府的行为目标来划分各级政府的职责和各自承担的财政支出责任，是建立规范

① 郭晓聪：《政府经济学》，中国人民大学出版社2003年版，第299页。

的分级财政制度的逻辑起点和基本要求，也是合理划分财权的出发点。[①] 但我国现行法律法规对各级政府间的事权划分只是做出原则性的规定，并没有明确各级政府的支出责任，导致各级政府的事权划分不清，出现了财权上收和事权下移的问题。

为了使国家和企业之间的关系及中央和地方之间的关系更加规范理顺，充分调动地方、中央的积极性，促进中央级财政收入的增长和加强中央宏观调控，1994 年中央提出分税制改革，目的是改变财政收入中中央所占比重下降、GDP 中财政收入占比过低的现状。实行分税制后，税收按归属分为中央、地方及中央地方共享三种税。2013 年“营改增”试点，2018 年国地税机构合并，其间进行了多项税收制度改革。目前现有的税种中，消费税、关税等全部由中央专享，企业所得税、个人所得税中央地方共享比例大约为 60%∶40%，增值税共享比例为 50%∶50%。1993 年分税制实行之前，全国财政收入中中央财政收入占比为 22%，到 2014 年“营改增”前后，该占比达上涨到了 46.6%，此后该数据一直保持稳定，2021 年中央财政收入占全国财政收入的 45.19%。按照分税制的要求，省市两级政府也对下级财政制定了相应的政策，财力进一步得到了相对向上的集中，地方政府尤其是县乡基层财政的自主性大大降低。同时，由于政府间事权划分不清，高层级政府容易产生向低层级政府转移事权的动机和可能。高层级政府在财力、财权不断集中的同时，把事权下移给低层级政府，导致政府间财权与事权的错位。效仿效应导致政府层级越低事权与财权的不匹配越严重。

机构养老服务作为基本的公共服务，政府的资金投入应由各级政府共同承担，但却因事权划分不清，绝大部分下放给了地方政府，地方政府相应的财权却没有得到应有的增强。尤其是县乡财政处于整个财政分配链条末端，本来就很薄弱，将农村集中供养资金

① 樊丽明、石绍宾：《城乡基本公共服务均等化研究》，经济科学出版社 2010 年版，第 139 页。

以及公办养老机构的费用支出下移给县乡政府，极易造成低质量提供，也使得其他机构养老服务项目的公共支出得不到保证，无法纳入区县财政预算。

三　财政转移支付体系不完善

我国仍然处于转轨时期，财政体制，尤其是转移支付制度还不完善。财政转移支付制度包括税收返还、专项转移支付和一般转移支付三大类。现有的转移支付格局，税收返还等非财力性转移支付所占比例较大，大约占到公共收入的80%—90%。[①] 税收返还在规范性、有效性、公平性以及科学性等方面还存在着许多问题。税收返还是以来源地为基础，对增值税、消费税、企业所得税等税种按照基数和增量返还。“基数法”的税收返还制度导致资金大量流向经济发达地区，区域间财政汲取能力的差距，破坏了转移支付的公平性，这种循环效应导致横向政府间的财政难以实现平衡，甚至差异悬殊。此外，税收返还被列入地方高层级政府对较低层级政府的财政分享的范围，从而降低了对县乡财政的支持作用，加剧了纵向财力的不平衡和县乡财政困难。[②] 与此相对，转移支付中的一般性转移支付所占比例较低，专项转移支付的总体规模较小。总体来看，财力性转移支付对均衡地区间财力差距的作用非常有限，对地区之间以及城乡公共产品差距的缩小作用不大。机构养老服务属于比较典型的地区性公共产品，财政转移支付体系的不合理加剧了地区财政汲取能力的差异，客观上造成了地方政府公共服务供给能力的非均等化，也成为地区之间、城乡之间机构养老服务财政支出非均等化的根源。

---

① 刘桂芝：《中国县乡公共治理与公共服务的财政支持研究》，人民出版社2016年版，第44页。

② 刘厚金：《我国政府转型中的公共服务》，中央编译出版社2008年版，第98页。

第三节　组织管理体系的局限

机构养老服务的顺利推行需要政府具备较强的施政能力，然而相对机构养老服务的发展需要，政府组织及运行管理体系并不完善，成为制约政府履责的重要因素。

一　“条块结合，以块为主”的组织结构限制

作为单一制国家，我国政府实行建立在科层制和职能制基础上的“条块结合”治理模式，即“条条”和“块块”相互交叉和相互制衡的结构。“条块关系”是“条条”部门和“块块”部门之间可能存在的各种关系的总称，它呈现一个矩阵式纵横交错的组织结构，构成中国当代政府尤其是地方政府结构的一个最基本的特征。[①]这种建立在现代科层制基础上的“条块结合”的组织管理结构虽然突出了上级主管单位的权威和地方政府的自主性，有利于提高人力资本、财政资金以及组织资源的利用率，但纵横交错的管理体制不可避免地带来组织关系的复杂化，形成“碎片化”的威权结构。

目前，机构养老服务工作的主要责任机构是民政部门。在政府的组织结构上，民政部门需要面对上级职能部门和同级政府的双重权威关系，是一种“条块结合，以块为主”的治理结构。地方（包括省、市、区县三级）民政部门作为机构养老服务的业务主管单位不仅要接受上级民政系统的技术指导和相关指令，与此同时，还要接受同级地方政府的行政领导，后者控制着属地各职能部门（包括民政局）的财政预算、人员编制和晋升流动。条块结合使得地方政府及其职能部门处于一种复杂和微妙的权力关系当中。[②]“条块结

① 周黎安：《转型中的地方政府：官员激励与治理》，格致出版社、上海三联书店、上海人民出版社2017年版，第93页。

② 周黎安：《转型中的地方政府：官员激励与治理》，格致出版社、上海三联书店、上海人民出版社2017年版，第93页。

合，以块为主”的治理结构意味着上级主管单位没有足够的管理权威，上下级民政部门之间更多的是业务安排、监督和指导关系，而行政隶属关系、人事编制等核心利益配置则由本级地方政府提供，“属地化管理”色彩浓厚。因此，对于民政部门来说，当地政府较之上级民政部门有更加密切、直接的权威关系。由于上级民政部门没有人事权和财政权，上级民政部门对下级民政部门的管理不得不受到下级地方政府的牵制，自上而下的制度性约束大大削弱。例如许多区县民政部门由于本级政府行政编制分配不足，行政人员的业务范围不仅包括机构服务，还包括社会救助、社区工作等多元化事务。不同行政事务的性质和内容对机构养老服务的管理重心必然产生牵引效应，但囿于有限的人事权，面对区县民政局组织管理结构上的混乱无序，上级民政主管部门无法对其进行组织机构调整和人员调配。面临上级主管部门和同级政府的不同要求，尤其当地方利益与上级民政部门的利益出现不一致时，容易产生多重目标的冲突。民政部门的人财物依赖于同级地方政府，地方利益通常占主导，客观上影响了民政部门在机构养老服务中各项责任的充分履行。近年来地方政府兴起的各类“创城”等活动强化了地方政府的“动员型治理”的倾向，区县政府作为基层社会动员的主要力量，需要抽调大量的人力完成上级政府下达的任务。区县各政府职能部门则必须服从所属区级政府的目标，由此造成民政部门工作人员不足，干扰了日常行政工作运转，甚至与上级民政部门的工作任务产生紧张和冲突，引发工作拖沓，发生了民办养老机构的专项补贴延迟发放等问题。导致机构养老服务权力结构中条块冲突的根源在于职责同构的纵向政府间关系模式。职责同构造成了上级民政部门和同级地方政府的职责、职权与职能边界模糊与缺失，双重领导管理相同的部门和事务，难免产生矛盾，影响了机构养老服务管理体系的规范运行。

二　“条条专政”阻隔政府间的横向关系

在我国，平行的政府部门之间没有直接的行政隶属关系，权力分割在各个部门。由于政府部门间没有权力约束，平级“块块”部门之间的关系“松散关联”。在松散管理的组织内部，政府的每一个职能部门都保留着自己的独立性，都具有本部门的利益要求。各职能部门间的反应迟缓松散，而且不稳定，条条纵向行政关系在行政体制中占据重要地位。从委托—代理理论来看，下级“条条”职能部门作为承包方，要面对上级“条条”委托人下达的任务和指标。虽然不同部门的职能有时会存在互动和重叠，甚至承担着同一项任务，但由于委托人的不同，部门之间的任务和指标可能存在冲突。利益之争导致政府部门间合作与协调的基础变得十分薄弱，部门之间的博弈导致机构养老服务的责任边界模糊，存在交叉和缺位。

“条条”管理的行政体制成为阻隔部门间关系的主体性力量。横向部门间关系阻隔表现为，左右相互“闭合”，虽然同一部门内部上下之间是贯通的，但部门之间却是相对“闭合”的，各自为战，彼此间缺少应有的配合和协调，协调本级部门间关系成了政府工作中的一项重要任务。[①] 各职能部门受部门利益的牵制倾向于从局部立场来思考问题。在机构养老服务的管理过程中，虽然为了增加条条部门之间的协作，中央政府的多个部委常常以联合发文的形式督查指导机构养老服务的业务，但由于机构养老服务的权力和资源分散，职能部门在制定政策时带有部门利益倾向。机构养老服务的政策制定实际是一个利益博弈的过程，不同的部门在意见表达过程中，由于所处的立场不同，在这种情况下，很多政策的最终的出发点可能不是公众利益。“条条专政”导致政府出台的各项规划、意见存在内容过于宽泛、对于责任主体和管理主体界定不清、效力层级较低、缺乏可操作性等多方面问题。相比最低生活保障制度、“五保”供养制度等专项社会救助制度以及城镇职工养老医疗制度、

① 周振超：《当代中国政府“条块关系”研究》，天津人民出版社 2009 年版，第 93 页。

城乡居民养老医疗制度等专项社会保险制度的发展完善，机构养老服务的制度化建设步伐滞后。

"条条专政"体制还容易形成自成体系的既得利益体系，带来上下连成一线的部门间关系的阻隔。[①] 不仅导致机构养老服务相关政策的片面性，政策实施的过程中也往往容易出现权责不清等问题。虽然民政、安全、市场监管等部门作为机构养老服务的责任机构，上下级条条部门的关系为指导关系，但下级职能部门的日常工作，相当一部分是协助上级部门的工作，完成上级条条部门交办的任务。因此，上级条条部门在政策制定过程中，必然不仅关涉其自身，还会考虑和维护下级条条部门的利益。多头管理的行政体制直接导致了政策分割与资源分割，使民政部门的监管职能极端弱化。[②] 在政策执行过程中，部门间的利益分化导致各职能部门常常面临各种冲突性责任。由于我国采用分散监管模式，各职能部门之间缺乏有效的问责和约束机制，水平分工带来的部门主义倾向问题无法得到有效解决。各负责部门都努力追求自身利益最大化，为了维护部门利益，政府部门间的相互扯皮、推诿经常发生。具体来看，养老机构的水电等税费优惠落实不到位，民政部门、市场监督部门就收费问题的相互推诿行为，甚至民政部门内部组织的重复决策、沟通不畅，均是多个独立平级部门之间利益冲突的现实反映。政府横向部门分割导致机构养老服务整个组织管理的低效率，在一定程度上限制了政府责任的充分履行。

三　自上而下的压力型体制

中国的行政管理体制是典型的"压力型体制"。[③] 在这一体制下，权力流向是自上而下的。即在行政权分配中，上级政府制定的

---

① 周振超：《当代中国政府"条块关系"研究》，天津人民出版社 2009 年版，第 92—93 页。

② 郑功成：《中国社会福利的现状与发展取向》，《中国人民大学学报》2013 年第 2 期。

③ 容敬本、崔之元等：《从压力型体制向民主合作型体制的转变：县乡两级政治体制改革》，中央编译出版社 1998 年版。

政策绝大多数由下级政府组织实施。各级政府及职能部门以“目标责任制”的形式将工作任务量化分解，向下一级的条条部门分配任务，责令其在规定的时间内完成，然后对完成的情况进行检查监督或评比考核，给予政治和经济方面的奖惩。虽然“压力型体制”保证了上级政府对下级政府行为的有力控制，但这种自上而下的行政体制使得很多公共政策是上级政府制定政策，下级政府执行政策。政策在不同层级的权责分离，导致基层政府部门成为中央和省级政府各种政策的最终执行者。[①]

区县民政局作为机构养老服务政策的执行部门，原本应以满足辖区居民的机构养老服务需求作为管理和服务的工作重心。但在实际的运转中，面对上级民政部门的管理考核，为争取奖励和避免惩罚，在承担机构养老服务的责任中极易产生“选择性的政策执行”行为。这种具有“投机”性质的行为是与“压力型”体制相关的。由于权力分配是自上而下流向，基层职能部门作为机构养老服务政策的主要贯彻者和执行者，难以与上级的考核和不当决定抗衡。过分量化的政绩考评制度迫使其策略性地执行机构养老服务的相关政策。作为理性的行动者，他们致力于政府重视的政策、可以短期内衡量绩效的行为和凸显政绩的事项，对难以进行考评的指标、上级单位不太重视的事项以及涉及多部门利益的政策，回应社会公众的动力不足。为使考核检查顺利通过，他们将考核指标的重要性进行排序，看将哪些政策置于优先执行地位。许多区县民政局会利用自己的自由裁量权有选择地实施相关政策，应付上级考核。基于“稳定压倒一切”“一票否决制”的逻辑，将不出错、不出事作为行为目标，对上级单位多次强调的养老机构安全管理作为首要政策积极执行，而对于不容易短期出成绩的服务质量检查流于形式，甚至对难以直接测量的机构养老服务满意度利用信息不对称直接编造数字

---

① 汪锦军：《政府责任、合作提供与混合竞争》，中国社会科学出版社 2015 年版，第 46 页。

上报。以上行为很容易扩大基层政府职能部门工作中的错误，导致机构养老服务的政策执行常常偏离政府在机构养老服务中最初的责任定位。从某种程度上说，政府在机构养老服务中的责任偏离是自上而下的压力型体制的逻辑结果。

四　权力约束方式缺乏效力

在推进机构养老服务建设的过程中，虽然政府在健全制度体系方面已经取得了很大的进步，然而对政府责任主体的权力约束方式仍然不够完善，从而影响了政府责任在机构养老服务中的良好实现。

首先，政府未能建立起成熟的机构养老服务监督和管理体系。机构养老服务是一个综合性、系统性的服务体系，涉及多个行政管理机构，需要通过较高规格的行政管理机构做出制度性安排。虽然目前由民政部门作为职能部门发挥牵头作用，但民政部门本身并没有统领其他监管部门的行政权力，只能起到协调指导的作用。由于缺少统一的监管机构，机构养老服务工作在开展过程中不可避免地出现监管责任履行不到位、监管力度不足等问题。此外，机构养老服务具有较强的专业性，需要医疗护理专业知识和实践经验的群体加入机构养老服务的管理队伍。但当前政府对监管能力提升的动力不足，专业管理人员匮乏，以致“行政化”监管模式与专业化监管要求不匹配，造成监管方式非科学化和非专业化，监管流于形式，科学监管目标难以实现。

其次，机构养老服务的权力监督主体没有形成合力。目前我国对机构养老服务的权力监督主体众多，不仅包括行政系统内部的监督，还有人大监督、司法监督、社会公众以及媒体监督等多种形式。但是众多监督主体的监督权限、监督范围以及监督方式却缺乏明确、具体的规定，工作中往往各自为政，致使在实际运行中缺乏制度化的协同，很难形成监督的合力。由于权力监管体系内部不畅，目前我国对机构养老服务的监督以行政监督为主，且大多是上级对下级的监督，这实际违背了执行权与监督权相分离的监督要求，难以发挥其监督作用，以致机构养老服务的监管缺失，出现监督空白和盲点。

第四节 政府与社会的疏离关系

在经典的政治理论中，政府往往被视为“社会契约”的产物，政府因社会对安全、秩序、公共服务需要而产生。二者之间存在着相互依存、相互作用的关系，即社会发展水平和文明程度决定着政府的责任定位和责任内容，政府的履责能力和行政水平推动着社会的进步与发展。在机构养老服务领域，政府与社会并没有形成良性的互动关系。从实际运作来看，政府并没有嵌入社会之中，政府与社会的关系存在着某种形式的疏离。主要表现为社会公众的机构养老服务需求难以传递到政府的正式体系当中，社会也难以对政府进行直接有效的制度性约束规范其运行。政府与社会之间呈现一种“弱政府、弱社会”的疏离关系。这种关系特征深刻地影响到政府在机构养老服务中的责任履行。

一 尚未形成利益诉求反馈机制

政府的权力源于社会公众，社会公众必然要求政府要为公共利益服务。但是，科层制下“政府主导”的角色及功能可能发生异化，促生“政府本位”的管理理念。[①] 我国各级政府在处理与社会关系的许多问题上目前仍然坚持“政府本位”的思维习惯，在具体行政过程中仍在坚持“政府决定社会”的行为模式，缺乏与社会之间良性的沟通与互动。在这一理念下，机构养老服务的发展路径依靠的是政府主导下的推动，尚未形成正式有效的利益诉求反馈机制。近年来随着老龄化进程的加快和社会转型的深化，社会公众的

① 胡永宝、杨弘：《国家治理现代化进程中的政府治理转型析论》，《理论月刊》2015 年第 12 期。

机构养老服务需求不断增多且呈现多元化的发展趋势，尽管存在不同的利益诉求，但政府尚未建立公众有效参与的正式渠道，社会成员的机构养老服务利益诉求对政府的影响力非常有限。调研中发现，虽然政府建立了政务热线、行业协会等公开的沟通渠道，但这些渠道并不属于正式的制度化机制，且在实际运作中充满形式化色彩，机构养老服务发展中存在的诸多问题并不能得到有效解决。民办养老机构作为重要的服务主体，负责人多次将服务过程中面临的运营风险、服务纠纷等问题反馈给行业协会，但协会并未与政府实现有效沟通和及时反馈，导致许多养老机构负责人将其界定为考察旅游、收取会费的无效组织。作为社会公众的重要组成部分，机构养老服务的需求方——入住老人的合法权益也缺乏有效渠道来维护。入住老人及家属通过政务热线投诉的养老机构收费不合理、服务质量等问题，政府却鲜有及时有效的回应和公正的管理。制度化诉求反馈机制的匮乏，直接影响到政府对机构养老服务的有效供给和责任的合理承担，也使得机构养老服务的问题难以得到有效管理。

二　政府与社会能力不对等

政府与社会的关系决定着政府的角色和职能，决定着政府的责任内容。西方福利国家发达的市民社会及民主制度促进了公共性的产生。不论是个体还是组织面对公共领域的公共事务，他们都会基于理性及参与精神来维护公共利益、生产公共价值。[①] 不同于西方国家的民主政体，“用脚投票”和“用手投票”机制难以约束我国政府在机构养老服务中的责任。虽然随着政府从权威主义向后权威主义的过渡，中国民众的民主意识在不断提高，越来越多的人意识到养老服务是自身的合法权利。但由于中国国家治理长期贯彻自上而下的统治逻辑，没有民主政治的文化传统，个人或社会组织通常各自生存或分散经营，缺乏有效的内在组织能力，很难对政府的组

① 李友梅：《中国社会治理的新内涵与新作为》，《社会学研究》2017 年第 6 期。

织权力加以有效的抵抗或讨价还价。[①] 政府和社会之间明显的组织能力不对称，使得社会对政府在机构养老服务的制度约束有限和无力。政府作为特殊的垄断组织，其强大的组织能力决定其对市场、社会的约束有稳定的制度基础。在社会福利社会化的推进过程中，为减轻养老服务责任的超载压力和提高供给效率，政府通过政策激励、经济扶持等措施向市场、社会分权，但长期以来我国奉行的是国家与社会一体化，社会组织是随着政府不断让渡空间而发展起来的，这就决定了我国社会组织与政府之间是一种不均衡的对等关系，政府处于强势地位，社会组织则处于从属和被支配地位。目前民办养老机构多规模弱小、功能不强，且独立性差。在这种情况下，民办养老机构很可能会在经济、政策以及物质资源上对政府形成依赖，双方之间难以形成平等的合作伙伴关系。这种依附关系使得民办养老机构很难拥有相当自主的权力，对政府在机构养老服务中的责任履行情况进行有力监督。此外，由于政府缺少与机构养老服务的服务对象、服务供给主体等相关利益群体的互动，导致基础性权力匮乏，在机构养老服务领域形成了异化的“弱政府—弱社会”的疏离关系。虽然公民的合法权利授予社会公众成为监督政府行政运作的主体，但在实践中普通民众对于行政制度的运转却很少卷入，大多扮演的是“配合者”和“顺从者”角色，政府与社会公众之间的互动缺乏一定的制度机制。以公民为导向的问责机制尚待完善，普通社会成员参与国家治理、表达利益诉求的机会有限，社会公众难以对政府在机构养老服务中的责任失效、供给错位等问题加以制度性约束和限制，其认可的养老服务权利难以实现。

---

① 周雪光：《中国国家治理的制度逻辑——一个组织学研究》，生活·读书·新知三联书店 2017 年版，第 289 页。

第七章　国外机构养老服务中的政府责任

随着全球范围内的人口老龄化来临，机构养老服务的专业照护需求逐渐纳入各国公共服务责任体系。国外政府在机构养老服务中的责任主要体现在制定机构养老服务相关政策、以公共支出的形式进行资金供给与安排、形成合理的监管体系对机构养老服务进行管理。但受政治体制、经济发展、历史传统、社会文化等因素的影响，各国政府参与机构养老服务的途径不同，在机构养老服务中的责任也有所差异。本章主要把机构养老服务起步较早，发展相对成熟的英国、瑞典和日本作为考察对象，分析以上三个国家的政府在机构养老服务中承担的具体责任与基本经验，以期有助于进一步明确我国政府在机构养老服务中的责任。

第一节　国外典型国家政府责任的实现形式

现阶段，世界已进入人口老龄化和高龄化加速发展阶段，对老年人社会化专业照护的关注已经成为国际社会日益关注的问题。为了应对老龄化的挑战，发达国家政府在机构养老服务供给问题上进行了积极的探索和实践，这些先进经验对于当前我国政府改善机构养老服务发展中所存在的问题具有十分必要的借鉴意义。

一　英国政府机构养老服务责任的实现形式

英国是世界上第一个工业化国家，也是世界上最早建立养老服务制度的国家之一。英国政府对待机构养老服务的发展态度，受经济形势、人口老龄化程度、社会发展以及政府指导思想等宏观背景的影响，经历了从自由放任到大规模直接提供服务再到“市场化”改革的历程，呈现明显的阶段性特征。

（一）英国机构养老服务政府责任承担的历史沿革

英国的机构养老服务起步较早，始于19世纪，是英国政府为了应对工业革命所引发的社会危机而建立的。当时英国秉持自由主义思想，认为社会的运行需要市场机制这一只“看不见的手”来调节，政府很少介入社会经济活动。机构养老服务主要是政府通过建立济贫院，为没有居住场所，精神或身体残疾且无人照料的贫困老年人提供的救济性服务。在20世纪以前，仅有约4%的英国老年人居住在济贫院中。

“二战”之后，经济自由主义逐渐衰退，凯恩斯主义开始盛行。以1942年《贝弗里奇报告》在英国议会通过为标志，英国政府的社会福利责任定位发生转变，出台了一系列社会保障改革政策，开始着手建立“从摇篮到坟墓”的福利国家。20世纪40—70年代，英国政府解决养老服务需求的主要方式是机构养老。随着经济的恢复发展和公共财政投入的增加，英国的机构养老服务获得了长足发展。政府出资兴办护理院、养老院、老年机构等各类养老机构，为老年人及失能人员提供免费或低费的院舍护理服务。作为公民的基本福利权利，绝大部分英国老人可以获得机构养老服务，所获取的政府补贴主要取决于个人身体状况和资产能力。此阶段英国养老机构建设和运营的费用主要由政府财政负担，但过于强调机构养老服务的专业护理优势，养老院人满为患，政府财政负担沉重，机构服务并不能满足老年人精神等方面的多元化需求。

20世纪70年代，石油危机发生，英国出现了严重的经济滞涨。面对老年人口占比的不断上升，英国政府难以承受机构养老服务日益膨胀的经济开支，由政府全面负担的机构养老服务制度难以为继。在凯恩斯主义的指导下，政府过多介入经济社会发展，机构养老服务领域出现了“政府失灵”。此外，“反院舍化”“去机构化”

呼声日益高涨，社区养老模式得到了大力提倡，机构养老服务的地位发生了转变，在养老服务体系中不再处于主体地位，而是补充作用。机构养老服务供给模式的创新势在必行，这为机构养老服务市场化改革奠定了基础。

20 世纪 80 年代以来，受“福利多元主义”思潮影响，为减轻财政负担，英国政府开始减少对社会福利的直接支持，在机构养老服务领域建立了“准市场”机制，政府的责任重心发生了转移。政府逐渐减少对机构养老服务的直接生产责任，机构养老服务的生产主要转交给私营部门和志愿组织承担。但基于机构养老服务的准公共产品属性，政府仍然是机构养老服务的主导者，在政策制定、监督管理、评估以及购买服务方面承担诸多责任。

（二）英国政府机构养老服务责任实践形式

英国政府在机构养老服务方面，指导思想和政策措施不断调整，机构养老服务从政府主导型转向准市场型。在改革与发展阶段，政府切实有效地履行其职责，并主要通过以下几种形式履行其责任。

一是建立并完善机构养老服务的制度框架。目前，英国的中央政府和地方政府分别承担机构养老服务的不同职责。中央政府主要承担老年机构养老服务体系的顶层设计以及统筹协调的责任，地方政府则主要负责当地机构养老服务相关政策的制定、执行，如对老年人进行家计调查、配置养老服务资源、购买社会养老服务、发放照护津贴等。政府还通过立法的形式推动促进机构养老服务发展，对机构养老服务的养老服务设施、服务内容、服务标准等方面均作了详细的规定，为英国老年人获取机构养老服务权利提供了制度保障。

二是政府直接供给责任不断弱化，鼓励市场和社会组织提供机构养老服务。英国政府在机构养老服务方面的主要职责是制度设计、监督管理和购买服务，服务的直接供给主要交由市场化、专业化的养老服务组织负责。这不仅丰富了机构养老服务的服务内容，提升了服务质量，还在很大程度上减少了政府的资金投入和服务压力。近年来，政府直接提供的机构养老服务逐年下降，地方政府建设运营的护理院仅占16%，由私人运营的护理院比例则高达63%，还有21%的护理院是由慈善组织建设运营。[①]

三是拥有比较健全的财政服务供给体系。英国的机构养老服务资金一部分来源于老年人个人和家庭，另一部分来自政府。主要实施“契约制”，即政府对市场化养老服务部门提供经费和补贴，然后再由这些部门提供机构养老服务。财政补贴大部分来源于政府的地方税收，还有一部分来自中央政府的拨款。为选择符合标准的购买服务对象，英国政府建立了完整的管理规范、流程以及评估指标对养老服务提供机构定期进行测评，只有通过政府评估的机构才能拿到政府购买服务的经费。总体来看，英国机构养老服务的覆盖面较为狭窄，属于“补缺型”老年福利制度，具有社会救助的属性。英国政府为将有限的财政资源用于最迫切需要机构养老服务的老年群体，缺乏家庭等非正式照护的贫困老年人要获取机构养老服务的免费或低费待遇资格，必须接受家计调查和照护需求的综合评估，按照个人资产能力和身体状况可获得相应的护理津贴，也可选择直接的机构护理服务。

四是制定了严格的机构养老服务监督管理机制。英国的养老服务涉及多个政府部门，卫生部负责监督服务质量，工作和养老金部负责发放与机构养老相关的照护津贴，地方政府则负责机构养老的购买服务。为加强对养老机构的管理，英国政府还对养老机构进行了功能分类。英国的养老机构分为不带医疗服务的养老院和带医疗服务的护理院两类，二者在服务对象、服务内容、服务标准等方面有不同的标准和监管要求。此外，为保障机构养老服务的服务质量，英国政府不仅颁布相关法律法规对机构养老服务进行法律监管，各地方政府还建立了负责社会服务管理和评估的专门组织。如

① 王莉莉、吴子攀：《英国社会养老服务建设与管理的经验与借鉴》，《老龄科学研究》2014年第7期。

英格兰的照顾质量委员会、苏格兰的社会服务监察会，都是具体负责养老服务评估、监督工作的具体部门。这些专门组织由专业人员组成，内部设立了科学严格的服务评估和监管评价体系。他们定期组织专业人员对养老机构的服务设施、服务人员、服务价格等方面进行评估来评定养老机构等级，并根据评估结果和入住老人的服务需求来提出相应的改进建议，对于评估不合格的养老机构给予暂停或关闭，以提升养老机构的服务水平。此外，政府部门还受理社会公众对养老服务机构的投诉，并及时与卫生、社会工作等相关部门沟通协调。

二　瑞典政府机构养老服务责任的实现形式

瑞典是典型的高福利国家，也因长寿和生育率低，是世界上高度老龄化的国家之一。早在 1913 年，瑞典即建立了养老保障制度，经过百余年的发展，形成了具有普惠性、去家庭化和去市场化特点的瑞典福利模式。瑞典的机构养老服务作为瑞典福利模式的组成部分，具有瑞典模式的典型特征。受平等主义文化影响，瑞典的机构养老服务是基于公民身份的一种权利，覆盖所有有需求的老年人，具有普遍性、广泛性和平等性。为应对人口老龄化，瑞典政府在全国范围内普遍设立养老福利机构，如老年之家、护理院等，为老年人提供专业化、规范化的机构养老服务。

（一）瑞典机构养老服务政府责任承担的历史沿革

1918 年之前，瑞典的养老服务以家庭养老为主，尚未出现专门的养老机构。无论是政府还是文化传统，都要求老年人的养老由家庭成员负责，对于没有子女照料的贫困老年人，政府主要将他们安排到济贫院。济贫院的被收容者不仅包括贫困老人，还包括智力障碍和精神病患者、慢性病患者、孤儿、流浪汉等各类不同年龄的弱势群体。政府通过财政筹资，为他们提供的济贫服务仅能维持低标准的基本生活。济贫活动的开展中央政府很少介入，主要由地方政府负责。地方政府主要是通过地方税收来维持济贫机构的运营发展。此外，政府还扮演着济贫工作的组织者和监管者的重要角色。

瑞典的机构养老服务始于贫困救济改革。1918年瑞典新修订《济贫法》，贫困救济改革由此开始。改革要求，瑞典市政府需要建立运营“老年之家”，经费由地方政府负责。自此，瑞典开始有了专门的养老机构。这不仅标志着机构养老服务在瑞典立法中正式确立，还表明了地方政府有为老年人提供机构养老服务的法律责任。1930—1950年，以“老年之家”为代表的养老机构得到迅速发展。1947年，瑞典通过了“老年之家”新的指导原则，规定“老年之家”不仅要为贫困老年人提供机构养老服务，还要面向有机构养老服务需求的普通老年人。这一提案消除了“老年之家”的贫困救济特征，改变了“老年之家”仅面向贫困老人提供养老服务的局面。“老年之家”作为养老服务的专门机构，服务质量在此后有了很大提高。基于公民身份，瑞典老年人开始享有养老服务权利，政府有责任和义务为所有老年人提供养老服务。

进入20世纪50年代，随着“老年之家”面向所有瑞典老年人，有机构养老服务需求的老年人数量不断增加，当时瑞典80岁及以上老年人中就有20%入住养老机构。[①] 瑞典的养老机构分为老年之家和护理院两种不同类型。老年之家由政府负责，而护理院则由地方委员会管理。面对机构养老服务的激增，政府难以为老年人提供高质量的服务，瑞典的机构养老服务逐渐进入发展困境。1956年，瑞典的《济贫法》被废除，这也意味着具有济贫性质的养老服务活动在瑞典正式终止。20世纪70年代起，随着居家养老服务的快速发展，瑞典的养老院建设呈下降趋势，但这一时期机构养老服务主要由瑞典的公共部门负责提供。

20世纪80年代以后，瑞典老龄人口不断增长，对机构养老服务的需求持续增加。1982年瑞典颁布《社会服务法案》，提出从国家获得所需的社会服务是瑞典公民的基本权利。基于“就地养老”

---

① 张盈华：《老年长期照护：制度选择与国际比较》，经济管理出版社2015年版，第43—44页。

的原则，该法案明确将养老服务界定为地方政府的公共责任，奠定了瑞典养老服务的法律基础。20 世纪 90 年代以后，瑞典的机构养老进入改革发展新时代。但是瑞典经济出现衰退，由于政府财政紧张和老龄化日趋严重，政府通过提高养老服务的准入门槛、削减服务项目等方式来压缩在养老服务方面的财政支出。此外，受“新公共管理思潮”的影响，机构养老服务的供给格局发生了转变。1992 年，瑞典通过《新地方政府法案》，政府开始允许包括机构养老服务在内的公共服务由营利性私人企业和非营利组织来提供。购买市场化机构养老服务的老年人增加，仅由政府垄断供给机构养老服务的时代宣告结束。机构养老服务供给竞争机制的引入促进了瑞典机构养老服务质量的提升，但机构养老服务的准入机制、财政筹资和监督管理仍由政府负责。

（二）瑞典政府机构养老服务责任实践形式

瑞典作为高福利国家，机构养老服务发展早、起点高。瑞典政府在建立普惠型机构养老服务模式、促进机构养老服务公平规范发展等方面，取得了诸多成效，主要通过以下形式履行其责任。

一是发挥政府主导作用，对机构养老服务的相关法律和养老福利体系进行调整改革。从瑞典机构养老服务的制度发展来看，瑞典在 1918 年修订《济贫法》、1947 年颁布“老年之家”新的指导原则、1956 年废除《济贫法》、1982 年实施《社会服务法案》、1992 年通过《新地方政府法案》。瑞典政府在机构养老服务责任承担方面随政策调整发生变动，经历了从政府兜底、政府大包大揽到政府、社会、个人多方共同承担的多种变化。瑞典政府在机构养老服务中的责任变迁是瑞典政府基于本国老龄化发展状况、公共财政负担、养老服务照料资源等做出的理性选择。在构建高水平瑞典福利模式的大背景下，瑞典政府建立了普惠型机构养老服务，不仅将老年人界定为具有养老服务平等权利的公民，还在机构养老服务相关制度变革中建立赋权机制，强调“尊重”和“个人自主”的重要性，将他们逐步视为“个性化”的消费者。增强了老年人作为消费者的自由选择能力。通过建立机构养老服务的公私合作机制，瑞典的机构养老服务的服务空间从国家垄断向市场逐渐释放，机构养老服务的供给主体不断扩大，不仅包括政府公共部门，还有私人机构和非营利组织，供给模式实现了由国家垄断向多元混合福利转变。通过市场竞争，有效弥补了国家福利减少产生的机构养老服务供给不足，促进了养老机构专业化服务水平和服务效率提升，有力减少了机构养老治理的缝隙。

二是建立了多层级政府共同负责的机构养老服务管理体系。瑞典的机构养老服务由瑞典多级政府共同负责，每一级政府在瑞典的机构养老服务体系中扮演着不同的角色。在管理机制方面，中央政府是一个专门负责立法、协助和控制的机构，主要职责是明确各部门职责范围并为议会起草立法提案和相关法令，负责制定指导性的原则，规定机构养老服务的基本方式和责任主体。机构养老服务的详细规划、筹资和分配则由省政府和市政府共同承担。地方政府被授予更多的自由权，机构养老服务工作的具体管理和服务递送主要由市政府负责，市政府承担老人的护理义务的比例达到90%。[①] 总体来看，瑞典的中央政府和地方政府在机构养老服务的权责分配方面是一种相互协调、合作均衡的关系：一方面，地方政府拥有较大的自由裁量权，主要负责当地机构养老服务的财政资助、监管、评估等工作；另一方面，中央政府则通过对地方政府进行监督评议、财政控制和提出机构养老服务的发展规划等方式来影响地方政府的行为。

三是财权下放，以地方政府为主的财政供给机制。在财政出资方面，机构养老服务的资金筹集主要是来源于当地的市政税收和市、县的财政补贴，还有一小部分是中央政府划拨给各市的补贴。在高水平福利模式下，瑞典的机构养老服务具有普惠性，入住养老

① 于保荣等：《长期照护制度：国际经验与国内政策与实践》，中国金融出版社2018年版，第56页。

机构的老人无须进行家计调查，机构养老费用支出主要来源于公共财政支出。对有机构养老服务的老人，瑞典政府首先对他们进行需求评估，并根据不同收入状况进行机构养老服务费用的减免优待。为保护老年人免受高额费用负担，政府根据老年人的收入情况制定养老机构的最高收费标准。对于收入低于一定标准的老年人，政府则免去他们的全部费用，以保证不同收入水平的老年人都能够住得起养老机构。在这些制度框架下，地方政府可根据本地情况自行决定机构养老服务的费用征缴标准和制定相关支付体系。财政权下放有利于地方政府根据本地的情况，为老年人提供适宜的机构养老服务，但由于地方财力的差别，瑞典机构养老服务呈现地区性差异。

四是重视与完善机构养老服务评估与监督机制。在瑞典，政府不仅是机构养老服务政策的制定者、服务生产者、财政提供者，还是机构养老服务的质量监管者。1982 年瑞典颁发《社会服务法案》，明确政府在社会服务中的监督责任，为机构养老服务评估与监督提供了法律依据。瑞典在各级政府均设有独立的养老服务评估部门，中央政府层面，国家健康和福利委员会负责机构养老服务质量的监督与评估工作，如制定机构养老服务质量评估指标，为各地政府建立机构养老服务评估标准提供参考；组织全国涵盖机构养老服务的长期护理满意度调查，对机构养老服务改进提供科学建议。省、市层次，地方政府则设立相应的投诉和评估机构，开展机构养老服务的具体评估与监督工作。如制定符合本地区实际的机构养老服务评估与监督方案，对养老机构服务质量进行年度或定期评估，对老年人及其亲属、服务人员的投诉展开具体调查和处理。此外，政府对从事机构养老服务评估的工作人员，在学历水平、专业知识、工作经验、道德素养等方面都有较高要求，以确保评估结果的科学、专业和公平。目前，瑞典已经制定了相对完善、规范的机构养老服务评估监督机制。瑞典政府对老年人的身体状况评估、养老机构的服务质量评价、评估员的工作职责、评估与监管的监督管理等方面都做出了具体规定。

三 日本政府机构养老服务责任的实现形式

日本拥有与中国近似的东亚文化，是世界上人口老龄化程度最高的国家，也是养老服务业发展较为发达的国家之一。日本政府在机构养老服务方面充分发挥主导作用，通过制定相关法律法规、进行专业性指导、给予服务机构补贴等方式，积累了发展机构养老服务的丰富经验。

（一）日本机构养老服务政府责任承担的历史沿革

相对于欧美福利国家，日本的机构养老服务起步较晚。1945 年之前，日本老年人以传统的家庭养老为主，老年人的晚年生活主要由家人负责照料。第二次世界大战结束以后，日本经济高速发展和产业结构转型带来日本人口流动加快、传统价值观念转变、城市化水平提高等社会结构的深刻变化，导致家庭养老功能不断弱化，产生了社会化养老服务的强烈需求。为此，日本政府高度重视老年人养老服务问题，不断加强老年人福利设施的建设力度。1950 年，日本政府为满足弱势群体的生活照料，制定了《生活保护法》。由此，日本开始为贫困老人建立养护院，开启了机构养老服务发展的新时代。

20 世纪 50 年代以后，日本老年人口不断增多，日本着手建立与老年人相关的社会福利制度。1963 年颁布《老人福利法》，这是日本关于老年人福利的专门法律，它确立了日本现行老年人社会福利制度的基本框架。在谋求机构养老服务发展方面，该法将机构养老服务的对象从贫困老人扩大至有需求的普通老人，允许社会资本建立收费型养老机构。并将养老机构分为养护、低费、收费、特养四类。[①] 此外，该法还强调了国家有增进老年人福利的责任，间接加大了政府对养老机构的建设力度。1966 年，日本开始规范养老院的建立与发展，提出相应的准入标准——《关于养护老人院和特殊

① ［日］井上由起子、杨田田：《日本养老设施制度演变史》，《中国医院建筑与装备》2016 年第 5 期。

养护老人院及其运营基准》，为机构养老服务在日本的发展指明了方向。

1970 年，日本步入人口老龄化社会，65 岁以上老年人口占总人口的比例已达到 7.1%。因依靠国家单一力量难以满足社会化养老服务的需求，同年，日本政府制定《社会福利设施紧急建设 5 年计划》，鼓励私人企业、非营利组织兴建各类养老机构和养老设施，扩大机构养老服务供给规模。为规范民办养老机构运行，1974 年，日本政府实施《民营养老院设置和运营指导方针》，对民营养老机构的硬件设施、人员配置、服务内容等方面做出明确规定。此外，该方案还指出养老机构的属性与工商企业不同，养老机构须每年向政府提交运营发展报告，以接受政府监督。

20 世纪 80 年代以后，日本老龄化程度进一步加重。1980 年，日本 65 岁以上的人口已经占到了社会总人口的 9.1%，这一比例在 1990 年升至 12.1%。[①] 这一时期，因老龄化带来的失能老人等问题逐渐成为社会问题，为提升老年人在养老机构的生活质量，日本政府进一步完善机构养老服务的相关制度：1981 年出台《围绕社会福利机构运营诸问题的意见》，正式提出服务评价的必要性；1988 年公布《老人院的机能及服务评价》，标志着养老机构运营具体化的开始；1989 年在《社会福利机构运营指南》中进一步明确养老机构运营评价重要性；1993 年发布《特殊养护老人院、老人保健设施服务评价基准》，做出了养老机构运营评价系统规定。上述政策法规共同构成了日本养老服务机构运营和管理的政策支持和法律保障，成为日本机构养老服务蓬勃发展的重要助推。

20 世纪 90 年代中期，社会公众对解决社会化养老问题的呼声日益高涨，日本政府对日益严峻的老龄化问题也给予了前所未有的重视。1995 年德国引入老年长期护理社会保险对日本的影响很大，

---

① 班晓娜、葛稣：《机构养老与政府职能：日本经验及启示》，《大连海事大学学报》（社会科学版）2014 年第 3 期。

日本也选择将社会保险作为老年长期护理制度的筹资模式。1997 年日本制定《护理保险法》并于 2000 年正式实施，后分别于 2005 年、2009 年及 2011 年 3 次对护理保险制度进行修改。该法把原来各自独立的老年福利制度和老年医疗保险制度进行整合，创建了面向全体社会成员，更加公平、有效的老年人护理体系。日本的老年长期照护社会保险可以负担一部分养老机构的个人护理费用和居住、饮食等费用，有效缓解了老年人入住养老机构的经济压力。政府实施的这项保险具有一定的普惠性，将机构养老服务的覆盖面从原来的低收入老年人扩展到符合资格的所有参保老人。此外，自 1989 年起，日本连续出台三个“黄金计划”：分别是 1989 年“黄金计划”、1994 年“新黄金计划”和 1999 年“21 世纪黄金计划”。政府通过实施这些“黄金计划”，建设了大量护理类养老机构，进一步加强了机构养老服务的护理人员数量、质量、服务设施等方面的要求，促进了机构养老服务专业化发展。

（二）日本政府机构养老服务责任实践形式

日本在老龄化社会应对方面已建立起体系化的政策和机制，对机构养老服务的管理运营和服务质量提升起到良好的推动作用。日本政府主要通过以下形式履行机构养老服务的责任。

一是构建兼顾公平与效率的机构养老服务政策体系。日本为应对老龄化所带来的社会化养老服务需求，通过立法来引导、规范机构养老服务的发展。自 1963 年颁布《老人福利法》，日本政府便开始探索解决老年人的社会化养老问题，出台一系列机构养老服务相关的政策法规，有效缓解了老龄化带来的老年人长期护理需求压力。日本政府在制定机构养老服务相关政策的过程中，非常注重兼顾公平与效率。在机构养老服务的公平性与福利性方面，日本政府不仅建立养护院为低收入老人免费提供机构养老服务，还通过“黄金计划”等发展规划投资兴建了大量养老机构，提升了养老机构的服务质量。为满足普通老年人的社会化养老服务需求，日本政府 1963 年出台《老人福利法》，允许民间部门开设收费养老机构，自此积极引导机构养老服务向市场化、产业化发展以减轻家庭养老的负担。2000年日本正式实施《护理保险法》，使护理服务标准更加科学化、人性化。长期护理社会保险对象涵盖入住养老机构且失去一定自理能力的老年人，公平与效率相结合的原则在机构养老服务领域得以充分展现。长期护理保险给付待遇虽然可以覆盖一部分养老机构费用，但资金筹集实行社会保险的方式，由三方筹资，分别来源于财政一般性税收收入、长期护理保险缴费和个人自付。长期护理的总支出中，长期护理保险基金承担总费用的45%，政府财政承担45%，个人自付10%。[①] 对低收入者，政府则给予其保险费减免。这一强制性的社会保障制度安排，不仅体现了老年人互助自立，还显现出政府在长期护理中的基本社会责任，具有一定的制度公平性和实施效率。

二是多措并举，实现机构养服务供给多元化、机构类型多样化和服务专业化。日本作为发达国家，国民人均收入水平较高，社会保障体系健全完备，老年人的经济赡养已不是老龄化应对的主要问题。随着家庭养老功能的弱化，如何向老年人提供满意的社会化照料和护理成为最大的难题。为缓解机构养老服务的供需矛盾和提高服务质量，在日本，政府已不再是机构养老服务的唯一供给者，私营企业和非营利社会组织都成为机构养老服务的多元化供给主体。政府通过引入市场机制，使各类养老服务机构发挥更大的积极性。目前，日本的养老机构主要包括特别养护老人院、护理老人保健机构、护理疗养型医疗机构三大类，老年人的护理等级则根据老人的生活自理能力的不同分为七个等级。[②] 日本政府从经济社会发展的实际出发，构建了覆盖各类老年人群需求、功能多样的机构养老服务系统，为不同类型的老年人提供与其需求相匹配的机构养老服务。为提供更加专业的机构养老服务，日本政府采取多项措施，从

① 张仲芳：《国际社会保障动态——应对人口老龄化的长期护理保障体系》，上海人民出版社2018年版，第131页。

② 王莹：《日本的看护保险制度》，《社会》2003年第11期。

学科设计到培训教育，全面加强养老服务队伍的专业化。养老服务队伍由医师、看护人员、介护人员等 8 个职种构成，涵盖了服务的所有内容，每一类人员都有相应的资格、等级和培训要求。养老服务人员必须接受专业学习和一定时长的培训，获取从业证书后方能上岗。[①] 养老机构则需要对入住老年人的身体状况、饮食起居、医疗护理等方面制定照护计划，不同养老服务岗位之间则通过分工合作来增加机构养老服务的服务效率和服务质量。

三是在财政扶持和监督管理中发挥主导作用。无论是财政供给，还是监督管理，日本政府在机构养老服务中发挥着极为重要的主导作用。日本的养老机构有很大一部分是公办养老机构，养老机构的基础设施、运营拨款全部来自政府财政拨款。由日本厚生省牵头建设的养护老人之家便是其中的代表，几乎全部费用都由政府出资。作为准公共产品，机构养老服务投资长、收益低，正是得益于日本政府持续且庞大的财政支持，才使得机构养老服务蓬勃发展。在监督管理方面，建立了严格的监督管理制度。一是完善机构养老服务相关的法律法规，20 世纪 70 年代开始，日本政府就十分注重对养老机构的设施标准、人员配置、服务标准进行规范，此后更是严格监督养老服务设施和服务质量，《关于养护老人院和特殊养护老人院及其运营基准》《老人院的机能及服务评价》等文件的出台使得政府对机构养老服务的监管有法可依，有效减少了基层执法部门监管工作中的政策执行偏差。二是实行严格的审查、准入、监管制度，指定专门的部门进行机构养老服务的指导。出台的政策措施多源于主管社会福利的厚生省，厚生劳动省在其部门下设立了社团法人老龄产业振兴会，以提高养老服务的质量。1989 年由老龄产业振兴会制定和实施的养老产品认证制度，对符合其认证标准的企业和团体颁发认证标志。这一措施，有效减少了机构养老服务的信息不

---

① 彭莉莉：《日本养老福利制度及服务设施运营的启示》，《湖北社会科学》2011 年第 8 期。

对称，保护了老年人的合法权益。此外，日本的机构养老服务实行以地方为主，央地共同管理的分权模式。近年来，老年人的照护责任由中央政府逐渐向地方基层政府下放。地方政府在着力加强机构养老服务建设的同时，还促进机构养老、居家养老和社区养老一体化发展，有效解决了老年人的照料护理难题。

第二节　国外典型国家政府责任承担及履行之共性

通过对国外典型国家在机构养老服务中的政府责任发展历程进行经验总结，可以从中发现，英国、瑞典和日本基于不同的历史背景、政治体系和文化传统，机构养老服务发展历程也有所不同，但机构养老服务发展的逻辑中所存在的问题及所面临的变革具有一定相似性，并采取了许多相似的机构养老服务政策和相应的改革措施。

一　发展历程相似

从英国、瑞典和日本三国机构养老服务的责任分担逻辑来看，政府在机构养老服务中所承担的责任都经历了从“责任兜底”到“责任扩张”再到政府、市场、社会和个人共同承担的转变。

在机构养老服务发展初期，以上三个国家的机构养老服务都是起源于政府对老年人的贫困救助。机构养老服务服务对象覆盖面窄，主要是无人照料的患病、伤残等贫困弱势老人。由政府建立专门的救助机构，免费收住符合一定条件的贫困老人，如英国的济贫院、瑞典的“老人之家”、日本的养护院。但这些救助机构的机构养老服务保障水平低、服务质量差，仅保障入住老人的基本生存，没有专业化的护理、医疗等照顾服务。这一阶段的机构养老服务是一种“补缺型”的社会福利模式，政府对其承担“兜底”保障责任。

“二战”后至20世纪70—80年代，随着经济的发展、现代社会福利制度的建立和人口老龄化，各国机构养老服务的服务对象范围不断扩大，由贫困老人转向有机构养老服务需求的社会老人。政府不仅作为生产者，建立公办养老机构为贫困老人和有机构养老服务需求的社会老年人提供服务；还充分发挥主导作用，通过制定相关的政策法规和发展计划、成立专门的管理机构等举措，全面促进机构养老服务良性发展。政府财政还给予机构养老服务极大支持，投资建设了大量养老机构和养老服务设施。养老机构的类型变得多样化，护理院、老年公寓等可提供生活照料、医疗护理等服务的专业化养老机构开始出现。这一阶段，各国机构养老服务由“补缺型”转向“普惠型”，覆盖人群不仅扩大到普通老人，服务内容也由维持吃、穿、住等基本生存方面向专业护理、医疗保健转变。政府在机构养老服务中所履行的责任得到全面扩张，制度的完善、财政的支持以及监管的加强，推动机构养老服务走向专业化和规范化发展轨道并得到较快发展。

20年代90年代以后，随着经济发展速度的放缓、老龄化程度的加深、“去机构化”发展趋向以及新公共管理思潮的兴起，各国政府基于机构照料成本压力和养老资源优化配置的考量，对机构养老服务进行了一系列改革，机构养老服务的生产逐渐由政府转向私人资本，政府通过公私合作，以公建民营、购买服务、服务外包、财政补贴等形式鼓励民间资本参与机构养老服务供给，不仅提高了机构养老服务的专业服务能力，还有效弥补了国家福利收缩产生的机构养老服务供给不足。各国政府明确了机构养老服务的责任边界，政府主要承担失能、失智等贫困老人的机构养老服务，其他老年人在政府补贴的资助下向市场购买服务。这一阶段，政府所承担的服务生产责任逐渐减少，财政责任得以减轻，机构养老服务的责任转由政府、社会和个人共同承担。

二　建立健全机构养老服务的制度体系，管理权限逐步下放

发达国家的福利制度，很重要的一部分内容涉及老年人福利。

建立健全机构养老服务的制度体系，既是福利国家机构养老服务体系建设的共同特点，也是政府完善老年福利制度的重要途径。现代福利国家和地区，基本上已建立比较完善的机构养老服务法律法规和管理体系，法律法规的权威性和强制性原则为机构养老服务作出具体安排提供了法制保障。机构养老服务的责任主体、供给方式、筹资机制、覆盖范围、服务内容、监管体系等方面都有相应的法律法规对其作出具体规定，并随着老龄化进程变迁做相应调整。以日本为例，早在1950年，日本就制定了《生活保护法》，提出为贫困老年人建立养老院；1963年的《老年人福利法》则成为日本老年人社会福利制度的纲领性文件，间接加大了政府对养老机构的建设力度；1997年日本出台《介护保险法》，于2000年正式实施后，分别于2005年、2009年及2011年3次进行修改。以上实例说明机构养老服务的法律法规随着经济社会结构的变革而不断发展变化。

在管理体系方面，福利国家的政府依据法律设置专门的机构养老服务管理机构，如英国设立了卫生质量委员会、瑞典建立了国家健康和福利委员会、日本的厚生省主管机构养老服务管理工作，这些专设部门定期依据科学严格的评估标准和监管机制来规范和引导市场、社会组织等服务主体的运营管理，培养机构养老服务的专业人才队伍，有效保障了机构养老服务规划、财政补贴、监督管理等各方面政策的落实和执行，促进了机构养老服务健康发展。机构养老服务属于地方性公共产品，外溢性差，有一定的地域性。近年来，机构养老服务的“中央集权”模式逐渐走向“地方分权”模式，形成通常以地方政府为主、多层级政府共同承担机构养老服务的管理体系。具体而言，中央政府一般设立专门机构负责机构养老服务的相关法律政策制定，而具体的管理和服务生产的职能则由地方政府来承担。机构养老服务的具体管理权限下放至地方，地方政府可充分考虑本地经济社会发展实际以及老龄化程度等因素，制定符合本地区需要的机构养老服务发展规划、财政供给机制和监督管理体系。北欧素有地方自治传统，“二战”结束以后，瑞典机构养老服务下放至地方政府的行动逐步推进。中央、省和市各级政府的机构养老服务职责在《社会服务法》有明确的界定。中央政府主要负责机构养老服务相关政策标准制定，为各地政府建立机构养老服务各项政策提供参考；地方政府则开展机构养老服务的具体组织与监督工作。1974年英国成立地方社会服务局，标志着英国机构养老服务责任逐渐由中央卫生医疗部门转移到地方社会服务局直接管辖。由于机构养老服务的资金主要来源于当地税收，地方政府可根据本地情况自行决定费用的征缴标准以提升公共资金使用效率和机构养老服务的服务能力。

三　明确政府在机构养老服务中的责任边界

政府在机构养老服务中的责任边界，可以从机构养老服务的覆盖面来衡量。机构养老服务具有“纯公共产品”和“准公共产品”的属性差别，各国政府也根据机构养老服务的属性差别，划定其在机构养老服务中的责任边界，不仅注重维护机构养老服务制度的公平性，还更加注重机构养老服务福利水平的适度性。福利国家在建立机构养老服务之初，仅限于提供“纯公共产品”属性的机构养老服务。机构养老服务的覆盖范围非常有限，服务对象主要是低于一定收入标准的贫困老人。如信奉自由主义的英国，济贫院最早收容的是体弱残疾的贫困老人，瑞典的“老人之家”和日本的养护院也都是具有济贫性质的养老机构。贫困老年人要获取免费的机构养老服务，需要接受家计调查。政府在机构养老服务中的责任非常有限，只保障老年人中贫困弱势群体的基本生活，普通老人并不在政府责任范围之内。提供“纯公共产品”属性的机构养老服务，在本质上属于社会救助范畴，是政府的社会救助责任。随着福利国家的建立，机构养老服务的覆盖范围扩大到普通老人。福利国家和地区开始强调公民社会权利平等，认为基于公民身份获取机构养老服务是老年人的重要权利，为老年公民提供机构养老服务是政府应尽的责任，政府开始向社会老人提供“准公共产品”属性的机构养老服务。但由于发达国家经济增速放缓、财政负担加重，政府开始注重机构养老服务福利水平的适度性。例如日本建立长期护理社会保险制度以来，有效减轻了老年人专业照护费用负担。采取社会保险的方式，由政府财政、缴费和个人自付三方筹资，可以控制机构养老服务的成本，维持机构养老服务制度的可持续性。瑞典政府则制定养老机构的最高收费标准，并根据老年人的收入状况和身体情况给予适当补贴，保证老年人可以获得普惠型机构养老服务。

四　通过市场化实现机构养老服务的合作供给

为了减轻政府机构养老服务的财政负担，同时为提高机构养老服务的服务质量和供给效率，在福利多元主义和新公共管理等思潮影响下，许多福利国家的政府开始引入市场竞争机制，积极发展机构养老服务供给主体多元化。改革以后，多数公办养老机构实现了服务生产与供给的分离，这不仅使机构养老服务从以往的“资源导向”向以使用者为中心的“需求导向”转变，还实现了机构养老服务资源的优化配置、调整，优化了政府职能。如英国鼓励私营企业和非营利组织兴办养老机构，减少公办养老机构直接提供的服务。日本建立的是以老年护理保险制度为核心的养老服务体系，实施的是政府主导下社会、市场多方共同参与模式。护理保险制度有效减轻了政府在机构养老服务方面的财政负担，促进了养老机构民营化和市场化。日本养老机构投资主体由政府、企业法人、民间组织和志愿者组成。除政府依法投资外，企业直接投资建设、承接外包服务。日本企业经营的养老机构主要实行连锁化经营，仅倍乐生集团就经营近300家养老机构。慈善组织等民间组织也开展定期定量投资，志愿者的投资主要是募捐和无偿服务。[①] 营利企业在瑞典机构养老服务行业占据明显的主导地位，在所有私营养老机构中，营利企业所拥有的养老院占86%。[②] 此外，大部分福利国家依然保有一

---

① 陆继锋、陈偲：《日本养老机构建设与运营经验》，《理论导报》2018年第9期。

② Gabrielle Meagher，Marta Szebehely，“Marketization in Nordic Elder Care：A Research Report on Legislation Oversight”，Extent and Consequences，http：//su. divaportal. org/smash/get/diva2：667188/FULLTEXT01. pdf.

小部分机构养老服务的服务生产责任，通过举办公办养老机构的形式，确保为贫困弱势老年群体提供兜底性机构养老服务。

五　普遍建立完善的监管和评价体系

在提供机构养老公共服务初期，老龄化程度较高的发达国家就普遍建立了独立且完备的监管体系及机制。例如英国，各地方政府都建有负责机构养老服务质量评估、监管的专门机构，这些专门机构的工作职责主要包括：制定政策、护理院的注册与管理、监督服务质量、接受和处理投诉、公布养老服务机构信息、监察服务机构、公布监察结果、发布年报信息等。[①] 日本则注重加强对机构养老服务的信息披露，《保险护理法》规定，包括养老机构在内的护理服务机构都需要公布本机构基本情况，如护理人员数量、人员资格等，并接受政府相关部门组织的机构评价。《2005 年护理保险修改法》要求各类护理服务机构接受外部监督，各个养老机构质量评价结果将在厚生劳动省的官方网站上公布。这种公开方式不仅有效保护了老年人的合法权益，还促进了机构养老服务的服务质量提高。瑞典则给予老年人机构养老服务的自由选择权，将他们视为机构养老服务的消费者，将机构养老服务的使用者作为评估的目标人群，引入标准化的需求评估，从生活质量、健康质量、情感质量等指标入手全面考察机构养老服务的服务质量。形成以消费者选择为主的选择模式，有利于实现养老机构的公开、透明竞争。

机构养老服务是一项专业性很强的工作，需要对老年人身体状况、服务需求、服务设施、服务内容等方面作出科学评估。各国在发展机构养老服务的过程中，非常注重机构养老服务评估的专业化建设。以瑞典为例，从事机构养老服务专业评估的工作人员不仅需要具备较高的学历，还需要具备一定的专业知识。日本的养老机构质量评价采用机构自评、机构养老服务使用者评价和第三方评价相

---

① 王莉莉、吴子攀：《英国社会养老服务建设与管理的经验与借鉴》，《老龄科学研究》2014 年第 7 期。

结合的方式。针对不同类型的机构采用不同的评价标准，标准的制定多结合机构设置与服务特点。[①] 英国政府已建立较为完整规范的评估流程和评估指标，依据评估标准和流程对养老机构的人员配置、人员培训、服务设施、服务质量、服务价格等方面进行监督检查，并对不符合评估标准的养老机构作出相应的行政处罚。

第三节　对我国政府承担机构养老责任的启示和借鉴

福利国家机构养老服务的改革与发展与其政治体制、经济发展、历史文化以及所选择的社会福利模式密切相关的，并根据老龄化进程和社会发展的现实需要而不断予以调整。在机构养老服务的政府责任履行方面，虽然各国政府管理的范围和重点存在差异，但政府力量依然是主导性的。通过吸收借鉴发达国家政府在机构养老服务发展中的经验做法，我们可以得到一些启示和借鉴。

一　坚持政府主导，以国家制度保障老年人的机构养老服务权利

国外机构养老服务实践证明，机构养老服务发展有着鲜明的“政府主导”色彩。虽然各国对机构养老服务的管理模式不同，“政府主导”的程度存在差异，但各国政府在机构养老服务体系建立伊始，便制定了较为完备的法律法规和相关配套制度，将机构养老服务作为老年福利事业的组成部分在法律法规层面予以明确，并多以正式制度保障老年人机构养老服务的基本权利。

机构养老服务具有的正外部性、公益性和准公共产品属性，使得市场无法有效供给和配置机构养老服务资源。为此，绝大多数国家由政府承担发展机构养老服务事业的主导责任。如英国、瑞典、

---

① 郭红艳、王黎等：《日本养老机构服务质量评价研究进展及其对我国的启示》，《中国护理管理》2013 年第 5 期。

日本等国政府都对机构养老服务的公共产品属性有明确界定，采取政策措施进行积极干预，这是政府主导机构养老服务发展的重要体现。各国政府在机构养老服务中的责任，多数以立法的方式予以明确，确保了机构养老服务的有效运行。可以说，国外机构养老服务的法制化过程，就是一部机构养老服务发展史。每逢机构养老服务发展和变革的关键阶段，各国政府通常都要通过法律予以规范和指导。例如，在推进机构养老服务发展中，日本政府颁布了《关于养护老人院和特殊养护老人院及其运营基准》《老人院的机能及服务评价》《护理保险法》等一系列机构养老服务法律法规。此外，各国政府还通过政策法规为机构养老服务提供资金保障。这种普遍现象反映了机构养老服务的改革与发展离不开政府的支持和引导，政府基于公共利益在机构养老服务中处于主导地位。

多数国家的机构养老服务发展经历了由家庭责任到政府责任、从贫困救助到社会权利、从非专业到专业的发展过程，以国家制度的形式保障老年人的基本养老权利。虽然我国社会化养老服务需求不断增加，但目前我国机构养老服务的相关法律体系还很不完善，主要是依据地方政府的规章条令和规范性文件，这使得一些长期性、根本性和全局性的问题一直都无法得到有效解决，如民办养老机构的税费优惠难以落实、养老设施缺乏统一建设标准、养老机构内部发生老年人权益受损等问题。因此，政府应加强顶层设计，将机构养老服务上升为国家战略，建立完善机构养老服务的制度体系，通过制定专项法律法规对机构养老服务的属性定位、发展模式、资金来源、运营管理等方面进行明确规定和统一规范，通过增强相关政策规定的法律层级和权威性来促进机构养老服务健康良性发展。

二　确定政府在机构养老服务中的责任次序

发达国家在机构养老服务的发展过程中，虽然采取的制度模式各有千秋，但都非常重视机构养老服务的公平性和效率性，将老年人的机构养老服务需求划分为不同层次，并以此确定政府在机构养老服务中的责任次序。首先，无论是英国、瑞典，还是日本，都非常重视对低收入老年人机构养老服务的托底保障。如英国部分公办养老机构、瑞典的“老年之家”，日本的养老院免费为贫困老人提供机构养老服务，有效保证了贫困弱势老年群体能够享受到基本的机构养老服务。其次，为了满足更多老年人的专业照护需求，福利国家的政府基本都采取市场竞争机制，允许私人企业、非营利组织参与提供机构养老服务，体现了“小政府、大社会”的执政理念，提升了机构养老服务的效率和质量。

机构养老服务的社会权利属性决定了政府在养老服务领域的责任与使命，我国在机构养老服务的改革发展中，应确定政府在机构养老服务中的责任次序。具体来说，首先，就是要明确区分机构养老服务事业和机构养老服务产业的差别，坚持兜底性机构养老服务、普惠型机构养老服务、市场型机构养老服务分类协同发展的多元思路。政府首先要发挥在机构养老服务中的兜底保障作用，构筑起机构养老服务的最后一道防线，解决好农村“五保”老人、城市“三无”老人以及高龄、失能等无人照料的经济困难老年群体的机构养老服务问题。其次，还应当消除发展障碍，培育多元化的机构养老服务提供者。通过实施分类促进政策鼓励发展不同类型的养老服务机构，优化社会资本参与机构养老服务的政策体系和社会环境，全方位助推机构养老服务产业发展。

三　明晰政府在机构养老服务中的具体责任

虽然英国、瑞典、日本等国政府在机构养老服务中的责任内容、责任权限有所不同，但作为机构养老服务发展的主导者，政府在机构养老服务中承担着不可替代的职责。政府赋予机构养老服务的公共产品属性，由此决定政府在机构养老服务发展中所扮演的角色。发达国家在“主导”机构养老服务发展过程中，多采取政府主导、多方参与的“分权”管理模式。即政府部门的主要职责是建立完善相关政策、提高财政投入、强化监督权力，但很少介入具体的机构养老服务生产过程中，机构养老服务的生产与递送职责主要交由民间资本。如日本将80%左右养老服务设施通过委托和招标的形式，交由民间社会福利法人具体经营和管理。在各级政府的责任分担方面，多数国家通常形成地方政府为主、多层级政府共同负责的责任机制。具体来说，中央政府主要负责机构养老服务的顶层设计，具体的管理责任则交由地方政府负责。这既基于机构养老服务的地方公共产品属性，也是近年来行政管理体制改革的具体体现。

当前我国机构养老服务中还存在着政府责任不清的问题，既存在某些方面缺位，如财政支持力度小、监管不足、农村敬老院养老服务设施建设整体落后；还有某些方面的越位、错位现象，如存在政府对公建民营养老机构运营过多干预、尚未区分公办养老机构与民办养老机构的功能定位等结构性问题。因此，明晰政府在机构养老服务中的责任定位是我国机构养老服务健康发展的关键。一方面，应借鉴国外经验，积极推动机构养老服务社会化改革，构建政府、市场、社会、家庭共同参与的机构养老服务政策环境。机构养老服务外溢性差，投资时间长，回报低，政府作为机构养老服务的主导者，应通过加大补贴力度、税费减免、公建民营、民办公助、政府购买服务等方式吸引社会力量的参与，破解社会和市场力量参与养老服务难以盈利、不可持续的困局。此外，还要加强机构养老服务的标准化建设和服务质量考评体系，提升机构养老服务的专业性和运行效率。最终通过机构养老服务的提质增量，缓解机构养老供需不平衡和专业性不足难题。另一方面，在中央与地方政府各司其职的基础上，建立中央和地方政府责任共担机制。机构养老服务组织是一个多层次的组织管理系统。由于我国幅员辽阔，人口众多，区域间经济、社会发展差异较大且政府间层级较多，导致我国机构养老服务地区间发展不平衡。因此，机构养老服务的管理实行中央统筹规划、省市共同负责、属地为主的多层级管理体制。应坚持重心下移，通过规范公共权力，提升区域间财政转移支付能力、增强政府职能部门执行力等方式引导机构养老服务的良性发展。

四　建立适度、可持续的机构养老服务发展体系

机构养老服务作为一种增进老年人福利的制度安排，具有社会福利的刚性特征。基于此，机构养老服务的照料成本难以控制。面对经济发展滞涨、人口老龄化程度增加所带来的财政负担，英国、瑞典、日本等国家不得不采取有效措施控制公共养老服务的财政支出。日本实施的雇主、雇员、投保人长期护理保险制度，英国、瑞典的“去机构化”和市场化改革，都有效减少了对政府财政的过度依赖，推动机构养老服务和经济发展之间的平衡，这为优化我国机构养老服务发展体系提供了有益借鉴。

在由补缺型向适度普惠型机构养老服务制度模式转变中，坚持机构养老服务的福利水平与社会经济发展水平相适应，是实现我国机构养老服务可持续发展的重要原则。这需要在机构养老服务公共支出与老龄化程度、机构养老服务需求、国家财政能力、人均收入等方面寻求一个平衡点。一方面，要承认机构养老服务的正外部性作用，不能将机构养老服务外溢性差作为忽视老年人日益增长的机构养老服务需求的理由。要将保障老年人的基本养老权利作为国家发展的基本目标之一，通过加强制度建设、专项拨款、转移支付等方式保障政府对机构养老服务的公共投入，化解社会化照护难题。另一方面，在确立机构养老服务的公共支出标准时，要正视我国人口众多、物质积累不足以及人均数量有限的基本国情，充分考虑现阶段的经济、社会发展水平，在提升机构养老服务覆盖面和发展水平的同时，还应坚持政府主导、多方参与、共同负责的基本原则，统筹机构养老服务公共资金的长期平衡，通过确定机构养老服务公共支出的适度水平、建立完善与机构养老服务密切相关的长期护理保险制度、鼓励民间资本参与服务等方式减轻机构养老服务的财政负担，实现机构养老服务体系的可持续发展。

第八章 机构养老服务中政府责任实现的优化路径

政府是推动机构养老服务发展的主要力量。但受发展理念偏差、财政资源限制、政府组织管理体系的局限以及政府与社会的疏离关系的影响，政府在履责过程中还存在着诸多亟待解决的问题。为此，本章提出解决机构养老服务中政府责任问题的一些解决方案，以提升政府履责成效，促进机构养老服务良性发展。

第一节 合理定位政府的制度设计责任

机构养老服务的“公共产品”以及“准公共产品”的属性差异，决定了政府要根据机构养老服务的层次承担不同的责任。在履行制度设计责任过程中，政府应统筹考虑服务对象的特殊性与普惠性的差异化特征及需求，合理制定机构养老服务的发展目标与远景规划。

一 完善“补缺型”机构养老服务

从公平的角度来看，各级政府应优先满足最弱势群体最基本的服务需要。对城市“三无”老人、农村“五保”老人等贫困无依的困难群体提供免费的集中照料，满足他们在生活照料、医疗服务等方面的基本生活需求，是政府机构养老服务的责任重点，也是社会救助在机构养老服务领域的延伸和提升。政府对上述特殊群体所提供的养老服务属于纯公共产品，具有“补缺型”福利特征。为保障

"三无"老人、"五保"老人等特殊群体的机构养老服务需求，政府需要从两方面采取有效措施，以更好地实现政府在机构养老服务领域"兜底保障"责任。

首先，要确定科学合理的集中供养标准。集中供养作为社会救助制度建设中的一项重要内容，属于最基本的社会保障层次。目前，城乡特困老人，尤其是农村"五保"老人的集中供养标准偏低，无法很好地满足他们的基本服务需求。应根据经济与社会发展水平，综合考虑服务对象身体状况以及地区差别、城乡差距等因素，建立体现差异性、科学合理的集中供养标准，使城乡特困老人所接受的机构养老服务达到基本生活水平，并且在一定程度上分享经济发展成果。同时，还要参照考虑恩格尔系数，建立动态的制度化变动机制，使供养标准随着经济物价变动状况定期做出合理的调整，保障服务对象的生活不因物价上涨而降低。

其次，要建立集中供养制度与医疗救助制度的有效衔接机制。随着年龄增长和机能退化，老年人医疗护理需求成为首要需求，但医疗护理费用是涵盖在集中供养资金当中的。由于集中供养标准相对较低，医疗护理的费用极易挤占吃、穿等其他项目在供养资金中的支出比例，影响机构养老服务的整体供养水平。应建立城乡集中供养制度与医疗救助等制度的有效衔接机制，通过医疗救助等有效途径，减少医疗护理支出在集中供养资金中的份额，解决困难老人的医护需求，保障集中供养老人的基本生活。

二　发展"适度普惠型"机构养老服务

进入21世纪以后，我国开始从单纯强调经济增长至上的发展目标逐渐转向以公平、正义、共享为主的主流价值取向。2007年，民政部提出建立"适度普惠型"社会保障制度，医疗保险制度、高龄津贴制度、失能老人养老服务补贴制度等社会保障制度也基本实现了全覆盖，老年优待也有了一定发展，具有一定的"适度普惠"特征。这是一个循序渐进的过程，但在机构养老服务领域，机构养老服务的"适度普惠"还没有完全显现。这种状况与经济发展现状不适应，也与社会成员日益增长的机构养老服务需求相违背。因此，政府应扩大机构养老服务的福利范围，着力扩大与机构养老服务相关的老年福利受益群体，结合“适度普惠”制度的特征，以“低起步、保基本”为原则，以满足中低收入老年群体的基本社会服务需要为主，着力建设“适度普惠型”的机构养老服务。

（一）扩大老年补贴项目的覆盖面

虽然我国实施了与机构养老服务相关的老年津贴、失能老人养老服务补贴等老年福利制度，但领取资格限制较多，对年龄、贫困程度以及失能状况均有严格限定。多数具有机构养老服务需求的普通社会老人无法获取，无法减缓个人机构养老服务的费用压力。此外，我国老年人的收入普遍不高，而且许多老人因身体机能老化需要支付一定的医疗费，机构养老服务的可及性不足。政府应对机构养老服务的对象给予专项补贴，以减少他们的经济忧虑，共同分享“普惠型”机构养老服务的发展成果。要从以下三个方面扩大老年补贴的覆盖面：一是降低高龄津贴的受益资格。我国建立的高龄津贴制度受益条件严格，从年龄条件看，虽然各省份标准稍有差异，但多为80周岁，超过人均平均寿命，在经济方面，主要针对低收入群体，大部分服务对象并不能获得高龄补贴。针对这种情况，国家应该适度降低受益条件，惠及大多数老年人。二是扩大养老服务补贴制度的受益范围。从实践看，养老服务补贴制度对老年人的身体失能状况以及经济状况都有严格要求。补贴对象主要包括生活困难、重点优抚对象、部分省市级以上劳模且子女无力照护的老人，多数老人并不符合条件。而在身体状况上，也基本以失能半失能老人为主。养老服务补贴制度限制较多，政府应适当降低补贴对象的残疾等级以及经济困难程度，逐步成为“适度普惠”的津贴制度。三是探索政府购买机构养老服务机制。虽然国家近年来大力扶持机构养老服务的发展，但大部分的帮扶资金流入了机构养老服务的供给主体——养老机构，如对养老机构的建设补贴、运营补贴，而对服务对象的专项补贴很少。入住养老机构给中低收入的老人和家庭带来了较为沉重的经济负担，也在一定程度上抑制了老年人接受机构养老服务需求的意愿。对符合一定条件的老人以发放服务补贴或提供低偿服务的方式，向养老服务机构购买养老服务。转变补贴对象，将对养老机构床位补贴变为补贴入住养老机构的老人，从补“床头”变为补“人头”，从间接补贴变为直接补贴，做到费随人转，逐步将服务对象扩大到全部有机构养老服务需求的老人，提高机构养老服务的可及性。

（二）完善适合国情的长期照护制度

相比其他年龄群体，老年人失能半失能数量较多，家庭照料负担较重，接受机构养老服务成为许多失能、半失能老人的选择。长期护理保险制度的实施，不仅可以有效扩大人群受益面，还可以通过整合社会资源分散失能半失能群体的经济风险。虽然长期护理保险制度在全国多地试点，但尚未建立起全国统一的长期护理保险制度。要逐步扩大长期护理保险试点范围，逐步建立面向全国的单位、个人和政府多方共同负担的长期护理制度。首先，要注重社会公平，科学划定参保人群范围，不仅将企事业退休职工纳入参保范围，还应扩大参保群体，覆盖城乡居民，减轻机构养老服务对象的经济压力。其次，要结合我国人口多、人均经济水平相对有限的实际国情，在社会保障制度尚待完善、保障水平相对较低的情况下，坚持“低起步、保基本”的原则，确定适度的保障水平。此外，还要建立责任分担制度，合理确定参保方各自的缴费比例，形成科学的护理费用分担机制，实现责任与义务的有机结合，资金来源多元化，弥补政府财力的有限性，实现机构养老服务向“适度普惠型”的发展方向转变。

第二节　积极履行政府的服务生产责任

为社会最贫困者提供基本的生活保障是责任政府的公共职责所

在。城乡特困老人的晚年生活照料，关系到最弱势群体的生存权益，政府必须承担首要责任。政府应从提高相关部门的主体责任意识、提升城乡特困老人集中供养的保障层次、加强公办养老机构服务能力建设、适度整合农村公办养老机构四个方面积极履行政府的服务生产责任，以保障城乡特困集中供养老人的物质、精神生活，维护社会的公平正义。

一 强化相关部门的主体责任意识

我国当前存在公办养老机构效率低下、形式主义严重，主要是由于长期以来政府的公共服务能力未能充分发挥所致。要真正解决城乡特困老人的供养难题，必须强化相关部门的责任意识，建设服务型政府。通过加强民政主管部门、基层乡镇工作人员以及公办养老机构管理人员的思想教育，树立以老人为中心的管理理念，不断提高职业道德修养，使其从思想高度认识到城乡特困老人供养工作的重要性。要建立公办养老机构考评机制，将公办养老机构的服务内容、服务水平与相关部门工作人员的年度考核相联系，将考核结果与干部的升迁使用挂钩，使政府工作人员能够切实投身于公办养老机构的服务管理工作中。建立责任追究制，切实落实好城乡集中供养特困老人供养工作。

二 提高城乡特困老人集中供养的保障层次

现阶段，城乡特困老人供养层次低，不能很好地满足其基本生活需求，尤其是护理需求和精神需求。必须改变集中供养原有的社会救助定位，更新供养观念，在原有城乡特困人员供养制度的基础上提升保障层次，增强专业照护服务能力。公办老年机构不仅要保障城乡特困老人吃、穿、住等方面的基本生活，还要通过实施分级护理、增加护理人员比例以及强化培训等途径提升机构养老服务的水平，为特困老人尤其是失能半失能特困老人提供更加专业的照料服务。除基本的生活照料和专业照护以外，还要为老年人提供医疗保健、康复护理、精神慰藉等综合性、专业化的服务，使城乡特困集中供养老人的护理需求和精神需求得到满足，共享社会发展成果。

三　加强公办养老机构服务能力建设

集中供养工作专业性强，公办养老机构服务能力的高低，在很大程度上取决于公办养老机构队伍建设和基础设施建设。面对公办养老机构管理水平和服务能力欠佳的现状，要强化城乡特困老人供养专业队伍建设，完善专业护理人员的聘用和管理。公办养老机构的管理人员大多在体制内选择，人员来源受到制度限制。要打破事业单位人员身份束缚，通过公开招聘、竞争上岗等方式，吸引高素质管理人员和专业人才加入。以政府购买公益岗位等形式扩充公办养老机构的护理员队伍，缓解公办养老机构照护服务不足的困境。建立合理的工资制度及晋升机制，稳定护理人员队伍和吸引高素质人才的加入。此外，还要加强适合失能老人的生活设施建设和基本生活所需的辅助器具建设，如为盲人设置盲道，为瘫痪老人配置轮椅，提供可以手摇升降的床，以满足失能老人的特殊需求。通过建立完善适合失能老人照护的基础设施，提高他们的生活满意度。

四　整合农村公办养老机构

目前，城市公办养老机构的基础设施和服务内容明显好于乡镇敬老院。这既与城乡公共资源分配不均衡有关，也与乡镇敬老院规模较小、数量过多、造成机构养老资源过于分散、不便于集中经费提升敬老院基础设施有关。应在乡镇敬老院较为分散且规模不大的农村地区实行院院合并，将分散的小型敬老院并入规模较大和条件较好的敬老院，或由地方政府牵头，集中经费建立规模适宜、设施适用的区域性公办养老机构，实现机构养老服务资源的有效整合。通过规模化集中供养和照护改善公办养老机构的基础设施、拓宽服务内容、提高专业护理水平来提升集中供养保障层次，解决农村“五保”老人长期照护缺失难题。

第三节 逐步增强政府的财政供给责任

在推进机构养老服务社会化的过程中，城乡特困老人集中供养资金以及机构养老服务建设所需资金，都依赖公共财政的转移与调配。政府应当逐步增强其在机构养老服务的财政供给责任，这不仅关涉各级政府间的事权与财权，还是合理界定政府与市场边界的基础。政府应在构建财政资金保障机制的基础上，优化中央政府和地方政府在机构养老服务中的财政责任，并对社会资金进行引导来拓展筹资渠道，充分保障机构养老服务实施的物质基础。

一 构建财政资金保障机制

随着老龄化程度的加深以及家庭结构的小型化，机构养老服务的资金需求规模逐步增大。在这一背景下，应构建政府资金保障机制，从财政资金供给的增量投入、优化财政的支出结构以及构建制度化的财政投入机制三方面入手。

（一）增量投入政府财政资金

从西方福利国家的发展经验来看，随着国家经济实力的提升和老年人对社会福利的需求日益强烈，政府对老年福利的公共投入也随之增加，公共财政支付的普惠化老年服务项目不断增多，老年福利的“去商品化”程度相对提高。近年来，我国经济持续高速增长，但与经济发展水平相比，政府对机构养老服务的公共支出整体不足，无论是补贴类项目数量，还是补贴额度均滞后于老龄化的严峻发展形势、社会成员的机构养老服务需求以及国际发展的趋势。因此，应在“适度普惠型”福利理念引导下，逐步增加政府对机构养老服务的财政支出。机构养老服务的资金投入应与GDP或财政收入保持同比例增长，保证公共财政支出随着经济增长、老龄化发展速度逐步提高，确保机构养老服务的“去商品化”程度随着经济的发展逐步增强。

（二）优化政府财政的支出结构

作为发展中国家，在生产主义福利理念的导向下，自 20 世纪 80 年代以来，“效率优先、兼顾公平”是我国经济社会发展的主要准则。政府的财政支出主要流向经济建设，财政结构存在较大的优化与调整空间，这也为机构养老服务的资金需求提供了空间与可能。

合理调整和改善财政支出结构，是实现经济建设型财政向公共服务型财政转变的关键。随着市场经济的发展完善以及社会公众社会保障需求的日益增长，无论是完善市场公平竞争环境、提升投资效益的现实需要，还是强调社会公平公正、保障社会成员权益的价值取向，我国财政支出结构应进行调整和完善。财政公共支出结构中，经济建设的费用支出比例存在一定的下调空间，依靠大量扩张政府财政支出来刺激经济绝非长久之策。在财政收入和支出总体规模不断增长的前提下，只有经济建设费用占财政支出比例下降，才能为机构养老服务等方面的资金需求提供更大的比例空间，政府才能有更多的资金担负起包括机构养老服务在内的其他公共服务的财政责任。政府应在经济建设费用支出比例降低的同时，用于社会福利的投入应当增强。应把更多的财政资金投向养老服务、医疗、教育等公共服务领域，稳步增加公共服务支出，切实解决机构养老服务等公共服务投入过少和供给不足的问题。

（三）建立制度化的财政投入机制

在老龄化及市场经济体制背景下，作为具有公益性的公共服务，机构养老服务的公益性大于营利性，民非养老机构运营所获取的收益不足以作为投资资金。政府应以制度化的财政投入机制重点加强对机构养老服务建设、运营以及税收等环节的投入。虽然我国多数省份对参与机构养老服务的社会力量给予扶持，但相对于养老机构高额的建设成本和微利的行业属性，补助的力度还远远不够，且补贴机制尚待完善。我们在国力逐步强盛的发展条件下，政府要从制度上保障机构养老服务财政的可持续性，形成制度化的财政投入机制。可采取设立养老服务专项资金、加大福利彩票公益金等方式增加对民间资本的支持力度，还要创新资金扶持模式，[①] 以抵押资助、信贷资助、贴息贷款等方式解决民间资本在创办和运营初期的资金不足的问题。针对土地成本居高不下等制约民办非营利养老机构发展的短板，在土地支持政策上，地方政府可以根据民办养老机构的非营利属性将其养老用地列入公益用地指标，纳入城乡发展规划和土地利用规划，并优先给予解决。[②] 在财力允许的情况下，地方政府可以将管辖范围内的部分公有闲置场所进行改造升级，通过公建民营的形式，以委托—代理的方式鼓励支持社会组织运营非营利养老机构，解决民间资本的养老场地和租金难题。

二　确定中央政府和地方政府的财政责任分配

发展机构养老服务，不仅要依靠政府的行政手段规划和指导，而且要充分利用财政手段来协调和引导机构养老服务的可持续发展。科学合理地理顺中央政府和地方政府的财政关系，将有助于充分发挥各级政府在机构养老服务中的责任。目前，我国公共服务支出在政府间的分配，与大多数国家相比显得格外与众不同。国家把社会福利支出责任的绝大多数分配给地方政府，中央仅负责部分项目的转移支付。相比之下，在 100 多个国家的数据样本中，发展中国家的中央下属政府（包括州或者省）平均仅占所有预算支出的 13%，发达国家的也仅占所有预算支出的 35%。在其他国家，社会保障几乎总由中央政府提供，同时“安全网络”福利体系几乎都由国家政府联合提供资金。各国通常都由中央政府和省级政府负责教育和医疗卫生，社会保障和福利几乎常常由中央政府提供。[③] 我国中央政府机构养老服务资金的投入力度方面并不强，机构养老服务

---

① 吴玉韶等：《中国养老机构发展研究报告》，华龄出版社 2015 年版，第 115 页。

② 戴卫东：《中国长期护理服务体系建构研究》，社会科学文献出版社 2018 年版，第 291 页。

③ 黄佩华、迪帕克等：《中国：国家发展与地方财政》，中信出版社 2003 年版，第 72 页。

的财政支出主要以地方负责为主，由于各地经济发展水平、财政、人口状况以及机构服务需求的差别，各地的机构养老服务支出差异较大，服务均等化程度有待提高。

政府间公共服务事项财权的配置必须结构均衡、相互配套统一，这是完善公共服务体制的基本内容。[①] 由于机构养老服务的发展和完善需要政府的资金支出，因此，应按照财权与事权相统一的原则，完善规范中央政府和地方各级政府在机构养老服务中的财政支出责任，实现各级政府权责利的统一。一是中央政府应发挥表率作用，将机构养老服务纳入中央财政预算，充分发挥中央财政的宏观调控作用。中央财政还要加大对机构养老服务的资金投入，尤其要加大对养老服务供需结构、服务质量有重大影响的设施项目的财政支出力度，如基础设施建设投资、护理人员培训方面的资金投入。二是地方政府也要根据本地区老龄化程度以及社会经济发展现状，调整地方政府间财权配置，建立与机构养老服务成本相匹配的经费保障机制。适当调整财权配置，在加大省市两级地方政府在机构养老服务中的财政支出的同时，还应增加县级财政的可支配收入比例，减轻乡镇财政对机构养老服务，尤其是敬老院的财政支出压力。三是要结合我国国情及多数国家中央和地方财政共同分担的情况，建立中央和地方财政责任分担机制。不仅要合理确定中央财政和地方各级财政分别负担的比例，还要设定固定支出比例的递增机制，为机构养老服务的发展提供稳定的财政来源，保证制度的可持续发展。四是完善财政转移支付制度，缩小地区间财力差距。政府间转移支付是协调政府间关系的一项重要制度，通过上下级政府间以及同级政府间的资金流动，可实现地区间公共服务水平供给能力的均等化。鉴于我国地区间经济发展不平衡的情况，中央政府以及省级政府的财政转移支付应适当向老龄化程

① 刘厚金：《我国政府转型中的公共服务》，中央编译出版社 2008 年版，第 160 页。

度高、经济发展水平相对较低的地区倾斜。通过改善欠发达地区机构养老资源配置的公共服务条件，实现区域间机构养老资源配置的基本均衡。

三　有效吸引与引导社会资金

政府责任的有限性和机构养老服务的准公共产品属性决定了它在机构养老服务中只能承担有限的财政责任。探索能够与财政投入、收费制度共同稳定支撑机构养老服务进一步发展的融资体系，是解决我国机构养老服务资金投入不足的可行性路径。

（一）实施激励性政策

向社会老人提供的机构养老服务属于准公共产品，政府不是唯一的供给者。西方福利国家绝大多数的机构养老服务由社会组织或私人提供，引领社会力量从事机构养老服务是一种现实的选择和必然的趋势。利用激励性政策吸引社会资本投入机构养老服务不仅可以优化机构养老服务的供给方式，也是解决机构养老服务资金困境的有效途径。政府在明确自身与市场的责任边界的基础上，在强化自身对城乡特困老人托底性机构养老服务供给能力的前提下，应根据机构养老服务的需求，本着公私平等互利的原则，发挥财政补贴的杠杆作用，引导社会资本流入机构养老服务。

首先，要大力推进养老机构的公建民营改革。机构养老服务虽然具有较高的社会效益，但经济效益相对较低，回收成本周期较长，社会资本往往不愿单独介入。政府应通过多种形式对公办养老机构进行先导性投资，允许社会资本以承包、托管、股份制合作等方式参与管理和经办，分担社会资本的投资风险。在推进公建民营的进程中，政府还应扩大民间资本的经营权，双方在管理权层面上形成平等的公私合作关系。社会资本可全面介入机构养老服务的投资、建设和运营，以消除社会资本的投资障碍，进而鼓励带动更多的社会投资共同介入机构养老服务，提供优质的机构养老服务。

其次，要鼓励支持社会养老服务组织发展。作为投资运营主体，社会养老组织自身的管理水平、组织架构、人员结构影响着公建民营养老机构和民办非营利养老机构的发育与成长。目前，我国的社会组织发育程度尚待完善，其健康发展和能力的提升需要政府的支持。政府除了在税收、土地等方面建立激励政策鼓励更多的社会力量参与老年社会服务事业中，还要加强社会养老组织能力建设方面的投资，包括服务人员的专业培训、服务设施升级、制定发展规划等。政府应以平等的态度与社会养老组织开展合作，以引导者的身份激励社会养老组织加强能力建设，对社会养老组织在发展运营中所面临的资本、人才等方面的发展困境进行积极的组织协调，并给予适当的帮助。可以联合高等院校、行业组织、医疗机构等专业力量，对社会养老服务组织开展专项人才培训或优化内部管理制度、组织架构活动，为其成长提供智力支持。

（二）完善慈善资源引导机制

随着机构养老服务的社会化推进，民办非营利养老机构已成为机构养老服务的重要供给主体。虽然它能够有效弥补机构养老服务中的政府失灵以及市场失灵，但也面临志愿失灵问题。萨拉蒙的志愿失灵理论认为，慈善不足是志愿失灵的重要因素。它无法产生可靠的资源应对足够的回应，导致志愿部门活动所需的资源与其所能募集到的资源之间存在巨大的缺口。[①] 慈善捐赠作为社会产品的第三次分配方式，虽与政府在公共服务领域的财政责任在权益和义务上有着本质区别，但可对政府所提供的包括机构养老服务在内的公共产品进行有益的补充。政府作为机构养老服务的主导者，需完善慈善资源引导机制，鼓励我国慈善事业的发展。

一方面，要进一步提高社会公众的慈善捐赠意识。现在我国慈善捐赠风气尚不浓厚，社会捐赠收入相对有限。目前社会中许多人将社会养老机构定位为收费的服务组织，认为其运营的维持来源于

---

① ［美］莱斯特·M. 萨拉蒙：《公共服务中的伙伴——现代福利国家中政府与非营利组织的关系》，田凯译，商务印书馆2008年版，第47页。

服务对象费用的收取。社会认知对于机构养老服务的错误定位，不利于吸引慈善资源推动其发展。民办非营利养老机构很少收到社会捐赠，且多是个人名义的一次性小额捐赠，不具有持久性和固定性。政府应通过官方宣传、媒体介绍等途径提高社会的捐赠意识，增加对机构养老服务的了解和关注，以增强公众对机构养老服务进行社会捐赠的主动性。

另一方面，要完善社会捐赠的相关税收政策。目前，我国慈善捐赠的相关法规和政策滞后，致使企业等正式单位对民办非营利养老机构的捐赠发生困难，影响了社会对机构养老服务的捐赠热情和捐赠成效。应完善社会捐赠的税收政策，解决养老类社会组织的税收证明开具难题。同时还应提高捐赠的税收优惠力度，激发社会捐赠对机构养老服务的关注。国外研究显示，取消慈善捐赠扣除使个人的慈善捐赠减少 10%—20%，会使公司捐赠减少 15%—45%，而取消遗产税会使遗产捐赠减少 24%—45%。[①] 我国税收政策规定捐赠只能部分扣除，影响到社会公众的捐赠意愿，提高税收优惠力度是促进慈善事业发展的有力措施，也是增加机构养老服务的外源性资金的有效途径。

第四节　科学配置政府的监督管理责任

政府的监督管理责任具有强化功能，可以及时更正政府履责过程中出现偏离目标的情况。为实现政府监督管理责任的科学配置，不仅要理顺政府的组织管理体系以提升政府的系统协同能力和政府治理的效率，还应健全机构养老服务的监管制度、强化监督管理职能，确保政府行为的合理性与合法性，促进机构养老服务的良性

① 转引自安体富、王海勇《非营利组织税收制度：国际比较与改革取向》，《地方财政研究》2005 年第 12 期。

运行。

一　理顺政府的组织管理体系

理顺政府的组织管理体系是妥善处理政府间权力关系、克服组织管理症结的有效方式。不仅有利于政府间建立相互依赖、相互制衡、相互合作的紧密关系，也有利于解决机构养老服务的组织管理无序等突出问题，促进机构养老服务的良性发展。

（一）变革职责同构的政府管理模式

政府在机构养老服务运行管理中的症结很大程度上归因于“条块结合，以块为主”的组织管理结构，导致条块政府间的职责和权力配置不清晰。[①] 要想从根本上解决条块矛盾，应当在适度范围打破职责同构的管理模式，实现从“每一级政府都要管所有的事情”向“只负责特定事情”转变，以此推动条块关系的规范化。首先，要厘清各级政府间职责，明确其职责的范围和职责。目前，各级政府职责权限的划分过于笼统，特别是中央政府与地方政府权限划分不明确。因此，要建立权责统一、分级负责的制度，避免中央过分集权，又要防止地方分散主义。[②] 其次，要合理调整机构设置。虽然可继续坚持“条块结合，以块为主”的组织管理结构，但要转变“双重领导、条块结合”的旧思路，明确哪一方的领导为主，以避免责任不清、相互推诿现象的发生。[③] 为防止出现多重决策主体，机构养老服务的实施决策机构要单一化。由一个部门进行决策不仅能够有效防止推诿扯皮、重复监管、真空监管等问题的发生，还可降低交易成本、提升管理效率，规范组织行为。应凸显民政部门作为主管机构的地位，由其全面负责机构养老服务的实施决策。水电、金融等公共服务机构以及税务、人社等行政单位作为机构养老

---

① 周振超：《当代中国政府“条块关系”研究》，天津人民出版社 2009 年版，第 222 页。

② 谢庆奎：《论政府发展的目标与途径》，《新视野》2002 年第 4 期。

③ 周振超：《当代中国政府“条块关系”研究》，天津人民出版社 2009 年版，第 231 页。

服务的辅助机构，在不涉及本部门决策的情况下，主要负责相关政策的执行，以实现机构养老服务主管部门与辅助部门关系的规范化。最后，要对机构养老服务的组织体系进行整合与重构。整合民政系统内部的事务范围，重构内部机构组织。将涉及机构养老服务的所有业务事项进行整合，设置专门部门进行机构养老服务的专门化管理。

（二）建立政府系统内部的协同机制

受“条条专政”行政体制制约，目前，我国的机构养老服务的运行管理仍处于组织治理结构的无序状态，这种组织治理结构状态很难达到理想的组织目标，阻碍了机构养老服务的健康发展。应发挥政府科层体系的制度优势，完善政府内部的协同机制来提升政府的系统协同能力。

“协同政府”是20世纪90年代中后期以来西方国家政府改革的新趋势。其核心目标是整合相互独立的各种组织以实现政府所追求的共同目标。为实现政府系统内部各部门相互协调配合，应完善机构养老服务的协调机制。机构养老服务工作涉及的部门众多，需要政府的协调和合作。诸如养老机构的安全工作需要民政、质检、消防等部门联合执法，养老机构的运营和管理也是如此。要明晰有关部门的职责，消除机构养老服务发展的制度障碍。我国的机构养老服务主要以地方管理为主，地方政府具体负责机构养老服务的政策执行工作。地方政府在监管过程中，应避免对养老机构进行双重管理，建立民政、消防、物价等部门联席会议制度和协调机制，明确分工，共同研究确定监管责任主体，确保各项政策措施落实到位，以解决执法过程中责权不清、推诿扯皮问题的发生。要建立统一的机构养老服务信息平台。通过统一的信息平台，政府相关部门可以快捷地了解所管辖区域内养老机构、护理人员、服务对象的信息及变化情况，实现政府部门之间信息的共建共享，减少服务内容或监管对象重复或遗漏的发生，有效提高工作效率和监管的公平。

二　健全机构养老服务的监管制度

完善的监管制度可以有效规范政府的履责行为，提升政府监督管理履责成效。政府应从提升机构养老服务的制度层次、细化机构养老服务的规章制度、建立机构养老服务质量管理体系三方面入手，加强机构养老服务制度化与规范化建设，使机构养老服务的开展有章可循。

（一）提升机构养老服务的制度层次

我国机构养老服务的制度规范层次不够，缺乏权威性。有关机构养老服务的政策文件多以部门的规章、意见、建议等形式存在，国家层面尚未出台完整的法律来规定养老机构所涉及的法律责任和法定职责。政策虽有灵活性的优点，但也存在强制性较弱的缺点。行政性文件的弱权威性、变动性，乃至于彼此之间的相互冲突性，都会对福利供给的项目设置、组织流程及实施效果产生负面作用。[①] 政府不具备制定法律的权力，如果只用行政法规以及法规以下层次的制度来规范政府责任，就等于将政府的裁判员和运动员身份合为一体。[②] 政府既是立法主体又是实施主体，不仅无法保证机构养老服务相关法规与规章的客观性、独立性和公正性，也很难对政府的行为起到规范和约束作用。政府责任的充分履行需要制度予以明确和约束，应当用规范性层次高的法律制度来规范政府在机构养老服务中的责任，对政府、市场、社会和个人等的行为空间、行为方式设定一个较为清晰明确的边界，将老年服务相关主体的权、责、利，通过法律和制度的形式加以规范化和具体化，从而保证机构养老服务事业的可持续发展。[③]

---

① 陈静、周沛：《论我国老年社会福利供给中政府角色的嬗变》，《东南学术》2015年第3期。

② 杨方方：《从缺位到归位——中国转型期社会保险中的政府责任》，商务印书馆2006年版，第282页。

③ 张旭升、牟来娣：《中国老年服务政策的演进历史与完善路径》，《江汉论坛》2011年第8期。

（二）细化机构养老服务的实施准则

虽然《中华人民共和国老年人权益保障法》明确要求，要“建立健全养老机构分类管理和养老服务评估制度”，但我国机构养老服务的相关文件大多表现为条文式的列举，缺乏具体的细则性条款。由于相关监管政策的可操作性差，社会组织、市场主体在机构养老服务递送过程中出现内部制度不健全、管理不规范以及专业化和职业化水平低等问题。应做好法律法规与政策的解释与明确化工作，使机构养老服务监督管理工作的具体开展有章可循。要完善养老机构行业准入、退出制度，实施养老机构等级评定、评估年审制度，明确责任主体并提出相应的惩罚措施完善养老机构发展运营的监管制度建设。尤其是对于民办非营利养老机构的分红、注销后的财产分配，需对非营利民间组织监督与管理的地方性法规操作化，确定政府的业务主管部门，责任明确到民政部门具体负责单位，以免部门内部出现责权不清，确保养老机构有法可依，政府的监管责任落实到位。

（三）建立机构养老服务质量管理体系

机构养老服务的服务质量直接关系入住老年人的切身权益和生活满意度，关系到社会养老服务行业的发展。由于缺乏对机构养老服务服务质量的有效评价标准，出现了养老机构基础设施不完善、专业人才缺乏等发展问题。政府作为评估监督者，应当加强政策导向，出台机构养老相关的服务质量规范标准，以标准化建设和专业化为重点，构建机构养老服务的质量管理体系。运用统一的标准、程序和客观公正的方法评定对养老机构服务的基础设施、服务内容、人员配置状况进行科学评估，通过加强养老机构服务设施的标准化建设、养老护理服务标准化建设促进养老机构服务输送能力和服务质量提升。

三　加强合作型监管体系建设

在缺乏有效监管的情况下，政府在政策执行过程中产生偏差不可避免。艾尔斯和布雷斯维特提出的回应性监管理论认为，单纯使用政府监管或市场调节都不会取得最佳效果，最佳效果必须通过混合使用政府和非政府监管手段才能获得，即发展政府监管和非政府干预手段的混合模式。[①] 因此，可以考虑从以下几个方面来加强合作型监管治理体系建设。

（一）健全政府内部监督管理机制

由于政府高度集权导致人民代表大会的权力陷于尴尬，检察机关和司法机关受条块体制制约，执法办案受到来自地方和上级的众多困扰因素干扰，司法独立难以保证。[②] 因此，健全政府内部监督管理体系，必须理顺体制内各监督主体之间的关系。首先，要加强人大监督的至上性，突出人大的立法监督，增加人大监督的制约力度。[③] 其次，司法监督作为成效最直接的法律监督制度，要保证司法监督的独立性，赋予司法机关、检察机关独立办案的职权。最后，要改革现行的行政监督方式。不仅在规范行政权力配置的基础上加强行政流程管理，还要改变“压力型体制”影响下的政绩考核机制。在政绩考核中将机构养老服务满意度纳入政绩考核范围，通过多方评价的方式改变行政体系内部的上级考核评价机制，降低基层政府政策执行中的行为偏好。

（二）完善民众监督机制

当前，我国政府对养老机构的监督以及养老机构的自我监督机制都不完善，民众力量的缺位是政府监管被弱化的一个重要根源。从理论上说，我国政府本质上是责任政府，民众有权力对政府进行监督。《中华人民共和国宪法》规定：“中华人民共和国的一切权力属于人民。”此外，在机构养老服务的社会化过程中，政府通过分权的形式把部分供给责任让渡给社会组织、市场，政府与多个责任

---

① I. Ayers, J. Braithwaite, *Responsive Regulation: Transcending the Deregulation Debate*, Oxford: Oxford University Press, 1992.

② 杨淑萍：《行政分权视野下的地方责任政府构建》，人民出版社 2008 年版，第 259 页。

③ 张志红：《当代中国政府间纵向关系研究》，天津人民出版社 2005 年版，第 397—398 页。

主体之间存在权力的相互依赖和互动。因此，要向机构养老服务的服务对象和投资运营主体赋权，同时接受社会公众的监督。如民政主管部门要定期将有关机构养老服务的财政拨款、监管成效等方面的信息通过网站、年报等方式公开，接受社会监督。老人和家属对养老机构的服务不满也可以通过投诉处理机制反映问题，由民政主管部门具体负责。只有完善民众监督机制，赋予民众更多地监督权，政府才能将监管重点更多地放在服务对象所关切的满意度评价、服务质量等方面，才能建立政府与民众的良性沟通机制，实现机构养老服务的良性发展。

（三）构建第三方监管评估机制

甘宁汉姆（Gunningham）和格拉博斯基（Grabosky）在发展回应性监管理论中提出了“聪明监管”说，认为政府不但可以垂直提升政府干预强度，还可以通过平行地扩大合作伙伴来增强监管能力，增加第三方监管来解决监管强度问题。合作伙伴可以是政府机构，也可以是非政府组织。[①] 目前，地方政府对机构养老服务的监管以内部行政监管为主，独立性不足、专业性不强，可构建第三方监管评估机制增强机构养老服务的监管强度。政府与专业化第三方评估机构建立业务合作，能够更加专业、客观公正地对养老机构和本地区的养老服务发展情况进行评估及监管。首先，要对养老机构的服务内容、服务设施、服务人员以及资金使用情况进行有效监督，以便政府对养老机构的违规行为及时进行惩处。引入专业化的第三方评估机构以后，可以由专业医护人员对老人残疾程度进行精确划分，避免政府工作人员专业性不足导致的财政资金流失。其次，要对机构养老服务发展状况进行评估，以便及时调整和优化政策扶持的方向。例如对护理人员素质偏低的行业难题，第三方评估机构可以对本地区护理人员年龄、文化程度等综合素质进行摸底调

---

① N. Gunningham, P. N. Grabosky, *Smart Regualtion: Designing Environmental Policy*, Oxford: Clarendon, 1998.

查，以便政府对不同群体分批开展针对性培训，可以更为有效地提升服务人员素质。最后，评估结果要向养老机构和社会公开，并与政府的奖惩制度，例如“以奖代补”政策相结合，以保证评估的有效性。此外，独立性是第三方监管的关键，要加强第三方机构的独立性，减少与政府和企业的联系，发挥其真正的独立监管作用。

附　　录

附录一　政府工作人员访谈提纲

1. 您认为目前机构养老服务发展如何?

2. 您认为当前机构养老服务发展面临哪些问题? 出现这些问题的原因有哪些?

3. 您认为对机构养老服务，政府是否应承担责任? 为什么? 政府应承担哪些责任?

4. 在您提及的政府责任中，哪些责任比较重要? 这些责任在现实中履行的情况如何?

5. 您觉得政府责任与哪些因素有关?

6. 您认为中央、省、市、县（区）、乡镇（街道）五级政府在机构养老服务发展中各自应承担什么责任? 哪一级政府责任最为重要? 为什么? 实际情况怎么样?

7. 您所在单位或部门在机构养老服务中是如何履行政府责任的? 有哪些好的做法，面临哪些挑战?

附录二　养老机构院长或行政负责人访谈提纲

1. 您所在的养老机构的服务对象主要是哪些老人？身体状况如何？如何为他们提供服务？

2. 运营中最大的问题是什么？希望哪些政府主管部门协调解决？

3. 机构主要依靠什么资金来源维持运营？政府是否给予资金支持和政策优惠？如果有，力度如何？资金发放和政策落实过程中是否遇到困难和问题？

4. 政府是否对机构的运行进行监管？都有哪些部门监管？监管的内容是什么？

5. 政府是否有工作需要机构协助完成？

参考文献

［美］S. 萨瓦斯：《民营化与公私部门的伙伴关系》，周志忍等译，中国人民大学出版社 2002 年版。

［美］埃莉诺·奥斯特罗姆：《公共事物的治理之道——集体行动制度的演进》，余逊达、陈旭东译，上海译文出版社 2012 年版。

［美］埃莉诺·奥斯特罗姆等：《公共服务的制度建构》，宋全喜、任睿译，上海三联书店 2000 年版。

［英］艾伦·肯迪：《福利视角：思潮、意识形态及政策争论》，周薇等译，上海人民出版社 2011 年版。

安体富、王海勇：《非营利组织税收制度：国际比较与改革取向》，《地方财政研究》2005 年第 12 期。

班晓娜、葛稣：《机构养老与政府职能：日本经验及启示》，《大连海事大学学报》（社会科学版）2014 年第 3 期。

陈兵：《论政府在社会保障中的责任》，《劳动保障世界》2012 年第 11 期。

陈成文、陈舒：《从“碎片化”困境看我国城市养老服务体系的制度建设》，《城市发展研究》2017 年第 12 期。

陈国权、李院林：《论责任政府的基本属性》，《社会科学战线》2008 年第 2 期。

陈国权：《论责任政府及其实现过程中的监督作用》，《浙江大学学报》2001 年第 3 期。

陈国权：《社会转型与有限政府》，人民出版社 2008 年版。

陈国权、吴帅：《责任政府的公共服务取向》，《社会科学战线》

2009 年第 4 期。

陈国权：《责任政府：从权力本位到责任本位》，浙江大学出版社 2009 年版。

陈静：《福利多元主义视域下的城市养老服务供给模式研究》，山东人民出版社 2016 年版。

陈静：《养老机构发展的瓶颈问题及其化解探析——以天津市为例》，《社科纵横》2012 第 10 期。

陈静、周沛：《论我国老年社会福利供给中政府角色的嬗变》，《东南学术》2015 年第 3 期。

陈雷：《从补缺型迈向民享型：我国机构养老服务治理与发展战略研究》，《理论导刊》2016 年第 1 期。

陈雷：《民办养老机构优惠扶持政策实施评估研究——基于公平性与有效性视角》，《云南大学学报》（社会科学版）2016 年第 1 期。

陈英姿：《中国养老公共服务供给研究》，《人口学刊》2013 年第 1 期。

陈友华、徐愫：《中国老年人口的健康状况、福利需求与前景》，《人口学刊》2011 年第 2 期。

程启智、罗飞：《中国公办养老机构改革改制路径选择》，《河北经贸大学学报》2016 年第 2 期。

程胜利：《家庭还是社会：谁应当承担当代中国养老服务的责任》，《广东社会科学》2016 年第 4 期。

程又中、陈伟东：《国家与农民：公共产品供给角色与功能定位》，《华中师范大学学报》（人文社会科学版）2006 年第 2 期。

崔树义、田杨：《养老机构发展“瓶颈”及其破解——基于山东省 45 家养老机构的调查》，《中国人口科学》2017 年第 2 期。

戴卫东：《地方政府养老政策的创新与评价——基于两届“中国十大创新社会福利政策”案例分析》，《中国软科学》2018 年第 3 期。

戴卫东：《中国养老服务事业的转型、定位与发展》，《安徽师范大学学报》（人文社会科学版）2020 年第 3 期。

戴卫东：《中国长期护理服务体系建构研究》，社会科学文献出版社 2018 年版。

丁建定：《中国养老服务发展研究报告》，华中科技大学出版社 2018 年版。

丁菊红、邓可斌：《政府偏好、公共产品供给与转型中的财政分权》，《经济研究》2008 年第 7 期。

丁露：《民办非企业养老机构在养老领域中的政策障碍——以杭州市为例》，《理论观察》2014 年第 1 期。

丁学娜：《民办非营利养老机构的政府补偿机制研究——基于 S 市民办非营利养老机构的分析》，《中州学刊》2012 年第 6 期。

董红亚：《非营利视角下养老机构管理研究》，《海南大学学报》（人文社会科学版）2011 年第 1 期。

董红亚：《基于主体弱势化的民办养老机构发展研究——以浙江省为例》，《中州学刊》2013 年第 5 期。

董红亚：《市场化进程中公办养老机构的改革及其发展》，《浙江大学学报》（人文社会科学版）2018 年第 4 期。

董红亚：《养老机构的建设和管理》，中国社会出版社 2015 年版。

樊丽明、石绍宾：《城乡基本公共服务均等化研究》，经济科学出版社 2010 年版。

范西莹：《政策性支持对于我国民办养老机构发展的推助作用分析》，《甘肃理论学刊》2013 年第 6 期。

方浩：《养老机构公建民营：现状、特征及问题》，《经济与管理研究》2016 年第 5 期。

风向天：《社会学研究方法》，中国人民大学出版社 2005 年第 2 版。

［美］弗雷德·E. 弗尔德瓦里：《公共物品与私人社区》，郑秉

文译，经济管理出版社 2011 年版。

付诚、王一：《我国养老服务面临的问题与对策》，《经济纵横》2010 年第 12 期。

高传胜：《老龄服务业促进政策及现实问题再审视》，《社会科学辑刊》2016 年第 4 期。

高和荣：《中国社会福利体系责任结构的顶层设计》，《吉林大学社会科学学报》2012 年第 2 期。

高鉴国、杨克：《论补缺型福利制度的特征》，《福建论坛·人文社会科学版》2011 年第 10 期。

［丹麦］戈斯塔·埃斯平-安德森：《福利资本主义的三个世界》，郑秉文译，法律出版社 2003 年版。

［丹麦］戈斯塔·埃斯平-安德森：《转型中的福利国家——全球经济中的国家调整》，杨刚译，商务印书馆 2010 年版。

顾昕：《能促型国家的角色：事业单位的改革与非营利部门的转型》，《河北学刊》2015 年第 1 期。

关信平、赵婷婷：《当前城市民办养老服务机构发展中的问题及相关政策分析》，《西北大学学报》（人文社会科学版）2012 年第 5 期。

桂世勋：《应对老龄化的养老服务政策需要理性思考》，《华东师范大学学报》（哲学社会科学版）2017 年第 4 期。

郭红艳、王黎等：《日本养老机构服务质量评价研究进展及其对我国的启示》，《中国护理管理》2013 年第 5 期。

郭林、赵见伟：《民间资本参与养老服务体系建设的变迁与评析》，《学术论坛》2014 年第 4 期。

郭林：《中国养老服务 70 年（1949—2019）：演变脉络、政策评估、未来思路》，《社会保障评论》2019 年第 3 期。

郭未、李霞：《西部农村养老服务中的政府角色定位及行为选择》，《青海社会科学》2018 年第 6 期。

郭正模、魏宇菲：《老龄产业的弱质特征与政府对老龄产业的扶持政策探讨》，《天府新论》2014 年第 3 期。

［德］哈特穆特·毛雷尔：《行政法学总论》，高家伟译，法律出版社 2000 年版。

韩央迪：《从福利多元主义到福利治理：福利改革的路径演化》，《国外社会科学》2012 年第 2 期。

何寿奎：《社会组织参与养老服务供给困境成因与治理对策研究》，《现代经济探讨》2016 年第 8 期。

何显明：《政府转型与现代国家治理体系的建构——60 年来政府体制演变的内在逻辑》，《浙江社会科学》2013 年第 6 期。

［德］赫尔穆特·沃尔曼、埃克哈特·施罗德：《比较英德公共行政——主要传统与现代化的趋势》，王锋等译，北京大学出版社 2004 年版。

侯慧丽：《社会养老服务类型化特征与福利提供者的责任定位》，《中国人口科学》2018 年第 5 期。

侯学元：《试论养老服务事业与产业的双重属性——以江苏省为例》，《社会福利》2013 年第 12 期。

胡宏伟、时媛媛、肖伊雪：《公共服务均等化视角下中国养老保障方式与路径选择——居家养老服务保障的优势与发展路径》，《华东经济管理》2012 年第 1 期。

胡薇：《国家回归：社会福利责任结构的再平衡》，知识产权出版社 2011 年版。

胡薇：《国家角色的转变与新中国养老保障政策变迁》，《中国行政管理》2012 年第 6 期。

胡薇：《中国社会福利体系转型中的国家责任研究》，国家行政学院出版社 2017 年版。

胡永宝、杨弘：《国家治理现代化进程中的政府治理转型析论》，《理论月刊》2015 年第 12 期。

胡湛、彭希哲：《发展型福利模式下的中国养老制度安排》，《公共管理学报》2012 年第 3 期。

黄闯：《民办养老服务机构运行：自我发展与支持体系》，《重庆社会科学》2016 年第 2 期。

黄春蕾等：《社会养老服务体系建设及治理创新——基于济南市的实证分析》，山东大学出版社 2015 年版。

黄健元、程亮：《社会支持理论视角下城市民办养老机构发展研究》，《东南学术》2014 年第 6 期。

黄俊辉、李放：《解读政府责任的新路径：政策价值—政策目标—政策工具》，《岭南学刊》2015 年第 3 期。

黄佩华、迪帕克等：《中国：国家发展与地方财政》，中信出版社 2003 年版。

黄书亭、周宗顺：《中央政府与地方政府在社会保障中的职责划分》，《经济体制改革》2004 年第 3 期。

［英］加雷斯·D. 迈尔斯：《公共经济学》，匡小平译，中国人民大学出版社 2001 年版。

贾智国：《我国养老服务供给中政府角色的再定位——基于多中心治理视阈》，《南方论刊》2018 年第 3 期。

江华：《北京市养老机构运营模式与可持续发展研究》，首都经济贸易大学出版社 2017 年版。

江燕娟、李放：《我国养老机构服务的有效供给研究》，《广西社会科学》2014 年第 11 期。

姜向群：《养老转变论：建立以个人为责任主体的政府帮助的社会化养老方式》，《人口研究》2007 年第 4 期。

姜玉贞：《社区居家养老服务多元供给主体治理困境及其应对》，《东岳论丛》2017 年第 10 期。

蒋劲松：《责任政府新论》，社会科学文献出版社 2005 年版。

解亚红：《“协同政府”：新公共管理改革的新阶段》，《中国行政管理》2004 年第 5 期。

［日］井上由起子、杨田田：《日本养老设施制度演变史》，《中国医院建筑与装备》2016 年第 5 期。

景天魁：《大力推进与国情相适应的社会保障制度建设——构建底线公平的福利模式》，《理论前沿》2007 年第 18 期。

敬乂嘉：《政府与社会组织公共服务合作机制研究——以上海市的实践为例》，《江西社会科学》2013 年第 4 期。

［德］康德：《道德形而上学原理》，苗力田译，上海人民出版社 2002 年版。

蒯小明：《中国农村社会救助发展中国家的国家责任研究》，首都经济贸易大学出版社 2009 年版。

［美］拉里·劳丹：《进步及其问题——科学增长理论刍议》，方在庆译，上海译文出版社 1991 年版。

［美］莱斯特·M. 萨拉蒙：《公共服务中的伙伴——现代福利国家中政府与非营利组织的关系》，田凯译，商务印书馆 2008 年版。

雷雨若、王浦劬：《西方国家福利治理与政府社会福利责任定位》，《国家行政学院学报》2016 年第 2 期。

黎民、胡斯平：《中国城镇机构养老及其模式选择——以广州为实例的研究》，《南京社会科学》2009 年第 1 期。

李兵、张航空、陈谊：《基本养老服务制度建设的理论阐释和政策框架》，《人口研究》2015 年第 2 期。

李芳：《我国养老服务组织的分类管理》，《中国海洋大学学报》（社会科学版）2015 年第 6 期。

李景鹏：《政府的责任和责任政府》，《国家行政学院学报》2003 年第 5 期。

李军鹏：《责任政府与政府问责制》，人民出版社 2009 年版。

李璐：《养老服务机构的道路选择——公办、民办养老服务机构生存状况对比分析》，《中国机构改革与管理》2014 年第 1 期。

李明政：《意识形态与社会政策》，（台北）洪叶文化事业有限公司 1998 年版。

李蕊：《公共服务供给权责配置研究》，《中国法学》2019 年第

4 期。

李小兰:《我国养老服务公共政策结构的失衡与纠偏》,《探索》2015 年第 6 期。

李学斌:《社会福利社会化政策的反思——以养老服务为例》,《社会工作》2009 年第 5 期。

李迎生:《中国普惠型社会福利制度的模式选择》,《中国人民大学学报》2014 年第 5 期。

李长远、张举国:《养老服务本土化中政府责任的偏差及调整》,《人口与发展》2013 年第 6 期。

梁学平:《中国公共物品的供给研究》,南开大学出版社 2014 年版。

林闽钢:《福利多元主义及其政策实践》,《社会》2002 年第 7 期。

林闽钢:《论我国社会养老服务的公益性及实现途径》,《人口与社会》2014 年第 1 期。

林治芬:《中央与地方社会保障事责划分与财力匹配》,《财政研究》2014 年第 3 期。

刘桂芝:《中国县乡公共治理与公共服务的财政支持研究》,人民出版社 2016 年版。

刘红:《中国机构养老需求与供给分析》,《人口与经济》2009 年第 4 期。

刘厚金:《我国政府转型中的公共服务》,中央编译出版社 2008 年版。

刘晓静:《论中国养老服务的政策取向——基于养老服务政策变迁的视角》,《河北学刊》2014 年第 9 期。

刘祖云:《“责任政府”及其实现途径》,《江苏社会科学》2005 年第 1 期。

柳俊峰:《中央和地方政府的利益博弈关系及对策研究》,《西南交通大学学报》(社会科学版)2004 年第 3 期。

龙玉其：《民办非营利性养老机构发展研究》，经济管理出版社2018年版。

龙玉其：《政府购买服务助推民办非营利性养老机构发展》，《人民论坛》2017年第12期。

楼继伟：《中国政府间财政关系再思考》，中国财政经济出版社2013年版。

鲁迎春、陈奇星：《从“慈善救济”到“权利保障”——上海养老服务供给中的政府责任转型》，《上海行政学院学报》2016年第3期。

鲁迎春：《公私合作：上海养老服务供给的探索》，上海人民出版社2019年版。

陆继锋、陈偲：《日本养老机构建设与运营经验》，2019年第9期。

陆解芬：《论政府在农村养老社会保险体系建构中的作用》，《理论探讨》2004年第3期。

［英］洛克：《政府论（下册）》，叶启芳、瞿菊农译，商务印书馆1964年版。

吕景城：《论政府责任及其实现控制机制》，《东南学术》2005年第3期。

吕炜、王伟同：《发展失衡、公共服务与政府责任——基于政府偏好和政府效率视角的分析》，《中国社会科学》2008年第4期。

［英］马丁·鲍威尔：《理解福利混合经济》，钟晓慧译，北京大学出版社2011年版。

马岚：《福利性、公益性和产业化相结合的养老服务模式研究》，《现代经济探讨》2019年第2期。

［英］迈克尔·希尔：《理解社会政策》，刘升华译，商务印书馆2003年版。

穆光宗：《我国机构养老发展的困境与对策》，《华中师范大学学报》（人文社会科学版）2012年第2期。

穆光宗：《政府的养老责任》，《社会政策研究》2019 年第 4 期。

倪志良、赵春玲：《我国社会保障改革的困境与政府责任缺失的相关分析》，《内蒙古大学学报》（人文社会科学版）2007 年第 6 期。

［美］Neil Gilbert Paul Terrell：《社会福利政策引论》，沈黎译，华东理工大学出版社 2013 年版。

彭华民等著：《西方社会福利理论前沿：论国家、社会、体制与政策》，中国社会出版社 2009 年版。

彭华民：《东亚福利：福利责任与福利提供》，中国社会科学出版社 2014 年版。

彭华民：《中国政府社会福利责任：理论范式演变与制度转型创新》，《天津社会科学》2012 年第 6 期。

彭莉莉：《日本养老福利制度及服务设施运营的启示》，《湖北社会科学》2011 年第 8 期。

［英］Pete Alcock 等主编：《解析社会政策（下）：福利提供与福利治理》，彭华民等译，华东理工大学出版社 2017 年版。

［韩］朴炳铉：《社会福利与文化》，高春兰译，商务印书馆 2012 年版。

秦艳艳、邬沧萍：《我国城市社区居家养老服务体系中政府职能分析》，《兰州学刊》2012 年第 1 期。

任洁、王德文：《人口老龄化背景下机构养老国内外研究比较》，《西北人口》2016 年第 5 期。

容敬本、崔之元等：《从压力型体制向民主合作型体制的转变：县乡两级政治体制改革》，中央编译出版社 1998 年版。

施巍巍、罗新录：《我国养老服务政策的演变与国家角色的定位——福利多元主义视角》，《理论探讨》2014 年第 2 期。

石林溪：《公共产品的私人供给研究》，《中国集体经济》2012 年第 3 期。

石亚军：《当前推进政府职能根本转变亟需解决的若干深层次问题》，《中国行政管理》2015 年第 6 期。

世界银行专家组：《公共部门的社会问责：理念探讨及模式分析》，中国人民大学出版社 2007 年版。

谭丽：《积极福利供给中政府责任的限度》，《内蒙古社会科学》（汉文版）2014 年第 2 期。

汤艳文：《养老服务的社会组织与管理》，广西师范大学出版社 2014 年版。

唐咏：《中国社会福利变迁下养老服务中非营利民间组织的发展》，《深圳大学学报》（人文社会科学版）2019 年第 1 期。

田北海：《社会福利社会化的困境与出路》，《学习与实践》2008 年第 6 期。

田北海：《香港与内地老年社会福利模式比较》，北京大学出版社 2008 年版。

田凯：《机会与约束：中国福利制度转型中非营利部门发展的条件分析》，《社会学研究》2003 年第 2 期。

同春芬、汪连杰、耿爱生：《中国养老保障体系的四维供给主体与职责定位——基于福利多元主义范式的分析框架》，《湘潭大学学报》（哲学社会科学版）2015 年第 3 期。

涂爱仙：《供需失衡视角下失能老人长期照护的政府责任研究》，《江西财经大学学报》2016 年第 2 期。

屠凤娜：《基层政府社会政策执行力不足的原因及对策》，《社科纵横》2012 年第 12 期。

汪国华、张登国：《健全养老社会服务体系与机制——基于中外比较视角》，《现代经济探索》2014 年第 9 期。

汪锦军：《公共服务中的政府与非营利组织合作：三种模式分析》，《中国行政管理》2009 年第 10 期。

汪锦军：《政府责任、合作提供与混合竞争》，中国社会科学出版社 2015 年版。

王成利、王洪娜：《医养融合养老：供给途径、实践困境与政府责任——基于公共产品理论的视角》，《东岳论丛》2017 年第 10 期。

王桂云：《多元化社会养老服务体系建设对策研究》，《中国人口 · 资源与环境》2015 年第 12 期。

王杰秀、徐富海等：《发达国家养老服务发展状况及借鉴》，《社会政策研究》2018 年第 2 期。

王军强、李兵：《城市养老服务政策基层实践偏差、困境及其治理——以北京市为例》，《社会保障研究》2018 年第 3 期。

王莉莉：《公办养老机构转制发展现状及对策研究》，《兰州学刊》2019 年第 2 期。

王莉莉：《公办养老机构转制研究》，社会科学文献出版社 2019 年版。

王莉莉、吴子攀：《英国社会养老服务建设与管理的经验与借鉴》，《老龄科学研究》2014 年第 7 期。

王名等：《社会组织与社会治理》，社会科学文献出版社 2014 年版。

王思斌：《我国适度普惠型社会福利制度的建构》，《北京大学学报》2009 年第 3 期。

王薇：《政府支出责任转型的研究》，红旗出版社 2015 年版。

王阳亮：《责任与合作：政府购买养老服务研究》，中国社会科学出版社 2017 年版。

王莹：《日本的看护保险制度》，《社会》2003 年第 11 期。

王争亚、吕学静：《福利多元主义视角下我国养老服务供给主体问题解析》，《中国劳动》2015 年第 2 期。

魏娜、吴爱明：《当代中国政府与行政》（第 3 版），中国人民大学出版社 2012 年版。

吴敏：《需求与供给视角的机构养老服务发展现状研究》，经济科学出版社 2011 年版。

吴香雪：《福利供给责任与福利契约践行问题研究》，《社会保障研究》2018 年第 1 期。

吴玉韶等著：《中国养老机构发展研究报告》，华龄出版社 2015 年版。

席恒：《养老服务的逻辑、实现方式与治理路径》，《社会保障评论》2020 年第 1 期。

肖云、王冰燕：《中国五保失能老人长期照护服务的困境与解困》，《重庆大学学报》（社会科学版）2015 年第 4 期。

肖云：《中国失能老人长期照护服务问题研究》，中国社会科学出版社 2017 年版。

谢伏瞻：《国外公共服务理论与实践》，中国言实出版社 2011 年版。

谢庆奎：《论政府发展的目标与途径》，《新视野》2002 年第 4 期。

辛方坤：《财政分权、财政能力与地方政府公共服务供给》，《宏观经济研究》2014 年第 4 期。

熊跃根：《中国福利体制建构与发展的社会基础：一种比较的观点》，《经济社会体制比较》2010 年第 5 期。

徐倩：《发展型社会政策与社会养老服务之逻辑契合性辨析》，《江苏社会科学》2017 年第 4 期。

徐月宾、张秀兰：《中国政府在社会福利中的角色重建》，《中国社会科学》2005 年第 5 期。

徐祖荣：《民办养老机构发展的问题表达与策略选择——基于杭州的经验》，《武汉科技大学学报》（社会科学版）2014 年第 3 期。

薛桥：《当前我国农村五保供养制度的实施困境及其对策思考》，《未来与发展》2016 年第 8 期。

杨炳霖：《监管治理体系建设理论范式与实施路径研究——回应性监管理论的启示》，《中国行政管理》2014 年第 6 期。

杨方方：《从缺位到归位——中国转型期社会保险中的政府责任》，商务印书馆 2006 年版。

杨方方：《中国转型期社会保障中的政府责任》，《中国软科学》2004 年第 8 期。

杨立雄：《老年福利制度研究》，人民出版社 2015 年版。

杨山鸽：《后福利国家背景下的中央与地方关系——英、法、日三国比较研究》，中共党史出版社 2014 年版。

杨淑萍：《行政分权视野下的地方责任政府构建》，人民出版社 2008 年版。

杨团：《公办民营与民办公助——加速老年人服务机构建设的政策分析》，《人文杂志》2011 年第 11 期。

杨团：《社会福利社会化：上海与香港社会福利体系比较》，华夏出版社 2001 年版。

杨晓楠：《养老服务社会化改革的困境与对策》，《东北师大学报》（哲学社会科学版）2013 年第 3 期。

杨燕绥：《政府与社会保障——关于政府社会保障责任的思考》，中国劳动社会保障出版社 2007 年版。

姚俊：《需求导向抑或结构制约——中国养老服务政策变迁的制度嵌入性分析》，《天府新论》2015 年第 5 期。

姚兆余：《农村社会养老服务的属性、责任主体及体系构建》，《求索》2018 年第 6 期。

叶托：《中国地方政府行为选择研究——基于制度逻辑的分析框架》，南方出版传媒、广东人民出版社 2014 年版。

叶响裙：《公共服务：多元主体供给：理论与实践》，社会科学文献出版社 2014 年版。

叶响裙：《基于城乡社会养老服务发展实践的思考》，《中国行政管理》2017 年第 9 期。

易松国：《社会福利社会化的理论与实践》，中国社会科学出版社 2006 年版。

易艳阳、周沛：《元治理视阈下养老服务供给中的政府责任研究》，《兰州学刊》2019 年第 4 期。

于保荣等：《长期照护制度：国际经验与国内政策与实践》，中国金融出版社 2018 年版。

于洪：《国际社会保障动态——社会保障的政府责任》，上海人民出版社 2016 年版。

于洪：《社会保障支出与政府再分配职能研究》，经济科学出版社 2015 年版。

于健慧：《中央与地方政府关系的现实模式及其发展路径》，《中国行政管理》2015 年第 12 期。

于君博、陈希聪：《福利国家转型进程中地方政府的角色——一个文献综述》，《国外理论动态》2016 年第 12 期。

余凌云：《推进养老机构市场化的财政补贴机制研究》，《财政研究》2015 年第 3 期。

余亚梅：《政府偏好与制度变迁：以收容遣送制度为案例的研究》，上海人民出版社 2018 年版。

郁建兴、金蕾、瞿志远：《民办社区养老机构建设及其政府责任——以杭州市上城区为例》，《浙江社会科学》2012 年第 11 期。

郁建兴、吴玉霞：《公共服务供给机制创新：一个新的分析框架》，《学术月刊》2009 年第 12 期。

袁同成：《越位、错位与失位：我国多元社会福利主体间的矛盾与冲突》，《河南师范大学学报》（哲学社会科学版）2011 年第 6 期。

［美］詹姆斯·M. 布坎南：《公共物品的需求与供给》，马珺译，上海人民出版社 2009 年版。

张成福：《责任政府论》，《中国人民大学学报》2002 年第 2 期。

张瑾：《我国养老服务体系建设重点问题研究》，中国经济出版社 2018 年版。

张举国：《“一核多元”：元治理视阈下农村养老服务供给侧结构性改革》，《求实》2016 年第 11 期。

张康之、张乾友：《当代中国政府》，南京大学出版社 2016 年版。

张文娟：《中国社会养老服务体系建设》，社会科学文献出版社 2017 年版。

张贤明：《论政治责任——民主理论的一个视角》，吉林大学出版社 2000 年版。

张翔、林腾：《补“砖头”、补“床头”还是补“人头”——基于浙江省某县养老机构的个案调查》，《社会保障研究》2012 年第 4 期。

张秀兰：《我国社会福利社会化的目标及途径探讨》，《江苏社会科学》2006 年第 2 期。

张旭升、牟来娣：《中国老年服务政策的演进历史与完善路径》，《江汉论坛》2011 年第 8 期。

张旭升：《政府购买居家养老服务参与主体的行动逻辑研究》，中国社会科学出版社 2016 年版。

张盈华：《老年长期照护：制度选择与国际比较》，经济管理出版社 2015 年版。

张盈华、闫江：《中国养老服务现状、问题与公共政策选择》，《当代经济管理》2015 年第 1 期。

张再云：《从管控到规制：新中国成立以来我国养老机构监管政策的历史脉络》，《老龄科学研究》2015 年第 1 期。

张志红：《当代中国政府间纵向关系研究》，天津人民出版社 2005 年版。

张仲兵、武晓平：《养老服务行业的公平缺失与政府职能偏差分析》，《云南行政学院学报》2014 年第 5 期。

张仲芳：《国际社会保障动态——应对人口老龄化的长期护理保障体系》，上海人民出版社 2018 年版。

赵蕾：《政府官员问责制度研究：基于中国内地和香港的比较分析》，光明日报出版社 2012 年版。

赵立波：《民办非企业单位：现状、问题及发展》，《中国行政管理》2008 年第 9 期。

赵树凯：《乡镇治理与政府制度化》，商务印书馆 2012 年版。

［美］珍妮特 · V. 登哈特、罗伯特 · B. 登哈特：《新公共服务：服务而不是掌舵》，方兴、丁煌译，中国人民大学出版社 2010 年版。

郑功成：《东亚地区社会保障模式论》，《中国人民大学学报》2012 年第 2 期。

郑功成：《中国社会福利的现状与发展取向》，《中国人民大学学报》2013 年第 2 期。

郑功成：《中国社会福利发展纲要——从传统福利模式到新型福利制度》，《社会保障制度》2001 年第 1 期。

郑晓燕：《中国公共服务供给主体多元发展研究》，上海人民出版社 2012 年版。

钟慧澜、章晓懿：《从国家福利到混合福利：瑞典、英国、澳大利亚养老服务市场化改革道路选择及启示》，《经济体制改革》2016 年第 5 期。

周飞舟：《分税制十年：制度及其影响》，《中国社会科学》2006 年第 6 期。

周飞舟：《以利为利：财政关系与地方政府行为》，上海三联书店 2012 年版。

周黎安：《转型中的地方政府：官员激励与治理》，格致出版社、上海三联书店、上海人民出版社 2017 年版。

周沛：《福利国家和国家福利——兼论社会福利体系中的政府责任主体》，《社会科学在线》2008 年第 2 期。

周沛、李静、梁德友：《现代社会福利》，中国劳动社会保障出版社 2014 年版。

周湘莲：《居家养老服务民营化中政府责任的缺失及其治理》，《湘潭大学学报》（哲学社会科学版）2013 年第 2 期。

周雪光：《中国国家治理的制度逻辑——一个组织学研究》，生活·读书·新知三联书店 2017 年版。

周玉婷、左停、杨瑞玲：《政府的政策执行偏好：表达、固化与问责机制——西北 Y 县民政局两种社会政策的执行比较》，《北京社会科学》2015 年第 7 期。

周振超：《当代中国政府“条块关系”研究》，天津人民出版社 2009 年版。

朱冬梅、曹延雯：《我国养老服务供给中的政府责任研究——基于委托代理视角》，《汕头大学学报》（人文社会科学版）2019 年第 3 期。

朱光磊：《中国政府发展研究报告（第 3 辑）地方政府发展与府际关系》，中国人民大学出版社 2013 年版。

朱浩：《社会化养老服务体系中的政府角色定位——以杭州市为例》，《中共宁波市委党校学报》2015 年第 2 期。

朱旭峰、吴冠生：《中国特色的央地关系：演变与特点》，《治理研究》2018 年第 2 期。

邹东升、陈达：《公共政策执行困境的解决之道：宏观逻辑与微观机制的统一》，《探索》2007 年第 2 期。

邹东升：《公共服务市场化并非政府责任市场化》，《理论探讨》2009 年第 4 期。

Blomqvist, “The Choice Revolution: Privatization of Swedish Welfare Services in the 1990s”, *Social & Administratio*, Vol. 38, No. 2, 2004.

Dahlman, C. J., “The Problem of Externality”, *Journal of Legal Studies*, Vol. 22, No. 1, 1979.

Dexter Whitfield, “UK Social Services: The Mutation of Privatisation. Studies in Social Service”, 2012. https://www.european-services-strategy.org.uk/wp-content/uploads/2012/09/uk-socialservices-mutation-of-privatisation. pdf.

Evers A. , "The New Long-term Care Insurance Program in Germany", *Journal of Aging & Aocial Policy*, No. 10, 1998.

Evers A. , Svetlik. I. , *Balancing Pluralism: New Welfare Mixes in Care for the Elderly*, Aldershot: Avebury, 1993.

E. Marmolo, "A Constitutional Theory of Public Goods", *Journal of Economic Behavior & Organization*, Vol. 38, 1999.

Gabrielle Meagher, Marta Szebehely, "Marketization in Nordic Elder Care: A Research Report on Legislation Oversight", Extent and Consequences [EB/OL] . http://su. divaportal. org/smash/get/diva2: 667188/FULLTEXT01. pdf.

Gilbert N. , *Welfare Pluralism and Social Policy. In J. Mideley and M. B. Tracy. The Handbook of Social Policy*, Thousand Oaks: Sage Publications, 2000.

Grover Starling, *Managing the Public Sector*, The Dorsey Press, 1986.

I. Ayers, J. Braithwaite, *Responsive Regulation: Transcending the Deregulation Debate*, Oxford: Oxford University Press, 1992.

James E. Anderson, *Public Policy - Making*, *Orlando*, Florida: Holt, Rinehart and Winston, Inc, 1984.

James. M. Buchanan, "An Economic Theory of Clubs", *Economica*, Vol. 32, No. 12, 1965.

Jonson N. , "The Privatization of Welfare", *Social Policy & Administration*, Vol. 3, No. 1, 1989.

Lena Dahlberg, "Interaction between Voluntary and Statutory Social Service Provision in Sweden: A Matter of Welfare Pluralism, Substitution or Complementarity?", *Social Policy & Administration*, Vol. 639, No. 1, 2005.

Norman Johnson, *Welfare Pluralism: Opprtunities and Risks: New Welfare in Care for the Elderly*, Aldershot: Avebury, 1993.

Norman Johnson, *Welfare State in Transition*: *The Theory and Practice of Welfare Pluralism*, Amherst: University Massahusetts Press, 1987.

N. Gunningham, P. N. Grabosky, *Smart Regualtion*: *Designing Environmental Policy*, Oxford: Clarendon, 1998.

OECD, *A Good Life in Old Age? Monitoring and Improving Quality in Long - Term Care*, OECD Publishing, 2013. http: //www. oecd. orgels/health- systems/Germany - OECD - EC - Good - Time - in - Old - Age. pdf, 2013-08-17.

O' Toole, L. J. , "Rational Choice and Policy Implementation: Implications for Interorganizational Network Management", *The AmericanReview of Public Administration*, Vol. 25, No. 1, 1995.

Paul A. Samuelson, "The Pure Theory of Public Expenditure", *Review of Economics and Statistics*, No. 4, 1954.

Robert J. Bennett (ed), *Decentralization*, *Local Governments*, *and Markets*: *Towards a Post - Welfare Agenda*, Oxford: Oxford University Press, 1990.

Ridell Rose, *Common Goals But Different Roles*: *The State' s Contribution to the Welfare Mix*, Oxford: Oxford University Press, 1986.